포이어바흐가 들려주는

인간 이야기

포이어바흐가 들려주는

인간 이야기

ⓒ 강영계, 2008

초판 1쇄 발행일 2008년 3월 19일
초판 10쇄 발행일 2022년 8월 5일

지은이   강영계
그림   박지영
펴낸이   정은영

펴낸곳   (주)자음과모음
출판등록   2001년 11월 28일 제2001-000259호
주소   10881 경기도 파주시 회동길 325-20
전화   편집부 (02)324-2347, 총무부 (02)325-6047
팩스   편집부 (02)324-2348, 총무부 (02)2648-1311
e-mail   jamoteen@jamobook.com

ISBN 978-89-544-1984-0 (64100)

포이어바흐가 들려주는
인간 이야기

강영계 지음

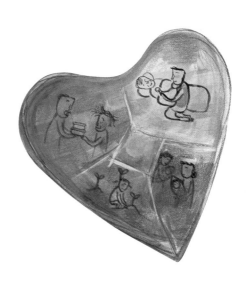

|주|자음과모음

책머리에

우리는 매일 물음을 던지면서 살아갑니다.

"저 앞에 있는 빨갛고 동그란 것은 무엇이지?"

"내가 일주일 후에 있을 철학교실에서 포이어바흐의 철학에 관해 발표해야 하는데 어떻게 해야 하지?"

"내 삶의 순간순간을 돌이켜보면 매순간 힘들지 않은 때가 없었어. 잠시 기쁨을 맛보았나 하면 다시 고뇌와 슬픔이 다가오고……. 불교에서 말하는 것처럼 일체가 다 고통과 고뇌가 아닌가? 나는 도대체 왜 살고 있을까? 나는 왜 '없지' 않고 '있는' 것일까?"

이처럼 우리는 '무엇을?' '어떻게?' '왜?' 의 물음을 반복합니다. 그 중 우리는 특히 '왜?' 라는 물음 앞에서 당황하면서 도망치려고 합니다. 그 이유인즉 '왜?' 라는 물음은 모든 물음 중에서 가장 근원적이며 본질적인 물음이기 때문입니다. '너는 왜 사느냐' 고 물으면 여러분은 어떤 대답을 하시겠어요? 이처럼 '인간은 무엇이고 어떻게 살아가며 왜 사는지' 에 대해 스스로 묻고 답하려고 노력한 철학자들 중 대표적인 사람이 바로 포이어바흐입니다.

포이어바흐는 1804년 독일에서 태어나 하이델베르크대학과 베를린대학에 들어가 신학을 공부했습니다. 이 시절 그는 헤겔의 영향을 받아 철학을 공부하였고, 1828년부터 에얼랑겐대학에서 강사로 활동하기 시작했습니다. 그로부터 4년 후 〈죽음과 불멸에 관한 생각〉을 출판했는데, 이 책이 기독교에 대해 비판적인 내용을 담고 있다는 이유로 강사직에서 물러나야 했습니다.

하지만 그는 〈헤겔철학 비판〉, 〈종교의 본질〉 등의 저서를 통해 기존의 관념론이나 기독교, 신학을 비판하는 입장을 더욱 확고히 하며 자신의 인간중심주의적 사상을 발전시켜나갑니다. 그리하여 1848년부터 다음 해까지 학생들의 요청으로 하이델베르크대학에서 강의를 펼쳤지요. 이처럼 인간을 사랑하고 자유주의의 상징으로 여겨졌던 그는, 많은 업적을 남긴 채 1867년 뉘른베르크에서 생을 마칩니다.

19세기 유럽은 프랑스 계몽철학의 영향으로 인해 유물론적 실증주의가 지배적이었습니다. 물질이야말로 세계의 근원이며, 물질적 세계를 탐구하는 방법은 실제로 경험하고 관찰하며 검증하는 일, 곧 실증주의적 방법이라는 것이 그 당시의 경향이었던 것이죠. 그래서 실증주의의 창시자로 알려진 콩트는 귀납법을 통해 경험이 이루어지는 법칙을 확립하는 일이 모든 철학의 시초라고 주장했습니다. 콩트는 유물론이나 실증주의를 모두 인간의 산물이라고 보았고, 인간성 안에서 위대한 본질이라 여겨지던 신을 발견했습니다. 그래서 콩트는 종교 또한 '인간종교' 여야 한다고 주장했던 인간중심주의자였지요.

포이어바흐도 콩트와 거의 같은 생각이었습니다. 그는 신학, 철학, 생물학, 생리학 등을 공부하면서 참다운 철학은 인간의 본질을 밝히는 것이라야 한다고 주장했지요. 포이어바흐는 위대한 관념론자인 헤겔과 기독교를 비판하며 미래철학을 주장한 끝에 인간중심사상을 확립하였습니다. 이는 마르크스와 엥겔스 등의 후대 사상가들에게도 큰 영향을 미쳤습니다.

자, 그럼 이제 포이어바흐의 인간중심사상에 관한 동화를 읽어보면서 우리가 과연 인간을 어떻게 생각하고 파악해야 할지 고민해볼 기회를 가져봅시다!

2008년 3월
강영계

〈포이어바흐가 들려주는 인간 이야기〉는 우리들이 늘 잊기 쉬운 인간의 본질에 관해서 다시 한번 깊게 생각할 수 있는 기회를 주는 책입니다. 등잔 밑이 어둡다는 말이 있습니다. 우리는 인간이면서도 인간이 무엇인지에 대해 생각할 시간적 여유도 없이 매일을 살아갑니다. 자연적인 감각과 감정이 바로 인간의 본질입니다. 포이어바흐는 사랑이야말로 나와 너의 통일을 가능하게 해주는 가장 중요한 감정이라고 주장함으로써 우리에게 많은 것을 생각하게 합니다.

건국대학교 철학과 교수 정상봉

포이어바흐는 헤겔로부터 마르크스를 이어주는 징검다리 역할을 하는 철학자입니다. 포이어바흐 이전의 헤겔은 신적인 절대정신이 세계의 근원이라고 했고, 후대의 마르크스는 물질적인 생산 관계가 사회의 기본이라고 했습니다. 그 중간에서 포이어바흐는 인간을 자연적, 물질적, 감각적 존재라고 주장하며 마르크스에게 유물론적 인간관을 전해 주었습니다. 비록 포이어바흐의 인간관이 감각주의적인 쪽으로 치우쳐 있긴하지만 그가 주장하는 인간 상호간의 사랑은 소중한 가르침입니다.

건국대학교 철학과 교수 김성민

C O N T E N T S

"여기 사랑이라면 둘이요."

"예이! 사랑이라면 둘!"

"김치랑 단무지 좀 더 주세요."

"예에~ 갑니다."

점심시간에 몰려온 손님들로 정신이 하나도 없습니다. 아빠는 주방에서, 엄마랑 이루는 홀에서 밀려드는 주문을 받느라 혼이 나갈 지경입니다. 그래도 손님이 없는 것보다는 바쁜 게 좋습니다. 일하는 맛도 납니다. 목소리도 절로 높아지고 커지면서 신이 납니다.

"여기 정말 맛있어."

"응. 매일 먹어도 또 생각이 난다니까."

이런 말을 듣는 날은 최고입니다. 눈알이 핑글핑글 돌다가도 손님의 다정하고 만족스러운 한마디에 다시 힘이 납니다. 밀물처럼 몰려온 손님이 썰물처럼 빠져나가는 시간은 오후 2시.

그제야 한숨 돌리고 아빠랑 엄마랑 이루는 점심을 먹습니다. 아빠가 주방에서 고추장에 참기름을 듬뿍 넣은 비빔밥을 양푼 가득 넣어가지고 나옵니다. 계란 프라이도 사람 수대로 들어있습니다. 입 안 가득 퍼지는 이 맛! 정말 꿀맛이 따로 없다니까요.

"아빠, 우리 이 비빔밥 팔아도 되겠다."

"하하하. 그래볼까?"

"라면보다 더 히트칠지 어떻게 알아."

"그러게. 그럼 이름은 뭐라고 하면 좋을까?"

"'모아모아'라고 할까? 비빔밥은 몽땅 모아서 비비니까."

"그럼 밥이랑 반찬 따로 하는 것도 만들어서 '헤쳐헤쳐'도 만들까?"

이루랑 아빠는 먹거니 말하거니 주거니 받거니 하면서 웃다가 밥풀도 튀깁니다. 웃으며 듣고 있던 엄마가 기어이 한마디 합니다.

"먹든지 말하든지 한 가지만 해. 하여튼 부자가 똑같아가지고는……."

"에이. 그러지 말고 엄마도 한번 생각해봐."

"뭐든 한 가지를 파야 성공하는 거야."

이루랑 아빠는 얼른 마주 보면서 싱긋 웃습니다. 아빠가 한쪽 눈을 찡긋 합니다. '네 엄마는 고집이 세다니까~' 이루도 한쪽 눈을 찡긋 합니다. '아빠도 만만치 않아~'

사랑이라면

 "자연으로의 복귀만이 구원의 원천이다."

– 루드비히 안드레아스 포이어바흐

1 사랑이라면

이루네 집은 라면전문점입니다. 사실 아빠의 고집이 없었다면 지금의 라면전문점은 문을 열지 못했을 겁니다. 정말이지 아빠의 고집은 탱크보다 세고 전함보다 강하다니까요. 라면 국물 맛을 내기 위해 수백 번도 더 맛을 내보고 실험했습니다. 된장, 소금, 가다랭이 포, 사골, 돼지뼈 육수……. 정말 안 해 본 게 없을 정도였습니다.

기본이 되는 국물뿐만이 아니라 치즈, 풋고추, 김치, 계란, 버섯…… 어떤 걸 넣었을 때 가장 맛있는가 하는 연구도 계속했지요. 입맛 다른 사람들의 까다로운 맛을 한꺼번에 만족시키기가 그리 쉬운 일은 아니니까요.

그래서 결국 찾아낸 맛이 바로 '사랑이라면'과 '사랑이 아니라면' 두 가지입니다. 인스턴트 라면이 아닌 생라면입니다. '사랑이라면'은 담백한 라면이고, '사랑이 아니라면'은 매콤한 라면입니다. 다른 건 일절 팔지 않고 오직 두 가지 라면만 파는데도 입소문이 퍼져서 멀리서도 라면을 먹으러 올 정도입니다. 맛의 비결이 뭐냐고 누군가 넌지시 물으면 아빠는 단 한마디로 대답합니다.

"맛의 비결이요? 그건 바로 사랑이지요."

아빠의 평소 지론이 '사랑이라면 모든 게 오케이~'거든요. 그래서 가게 이름도 〈사랑이라면〉이라고 지었지요. 인간은 '사랑'이 있기 때문에 인간인 거라고, 사랑이 없으면 돌이나 물과 뭐가 다르겠냐고, 아니 돌이나 물조차 사랑의 마음을 갖고 대하면 다른 존재가 되는 거라고, 이루가 듣기엔 좀 알쏭달쏭한 말을 하기도 하지요. 하여튼 아빠가 엄마랑 이루를 누구보다 사랑한다는 것만은 이루도 알고 있습니다.

하지만 라면 맛의 비결은 뭐니 뭐니 해도 바로 국물입니다. 국물 맛을 내는 비결은 아빠와 엄마밖에 모르지만 이루는 아빠가 가장 중요하게 생각하는 것이 깨끗하고 맛있는 물이라는 것을 알고 있습니다. 그래서 수돗물을 그냥 쓰지 않고 커다란 숯과 맥반석으로 이틀 이상 정화시켜 씁니다. 주방 뒤에는 커다란 옹기 물 항아리가 두 개 있습니다. 보통 하루에 하나씩 쓰지요. 국물을 내기 위해 우리고 끓이는 시간까지 합하면 한 그릇의 라면을 만드는데 삼 일 정도는 걸립니다.

그뿐인가요. 아빠랑 엄마랑 이루는 틈만 나면 물 항아리한테 가서 "사랑한다, 넌 참 예뻐, 넌 최고야." 라고 말을 건넵니다. 언젠가 아빠는 어떤 사람이 쓴 책에서 좋은 말을 했을 때와 나쁜 말을 했을 때 물의 결정이 달라진다는 내용을 보았거든요.

엄마도 이루도 그 책을 읽었습니다. 그 책 속에는 물의 결정을 찍은 사진도 있었습니다. 눈의 결정과 보석을 닮은 그 물들은 얼마나 놀랍던지요! 그래서 이루는 틈만 나면 물 항아리 앞에서 속삭입니다. 넌 정말 멋져! 그러면 왠지 이루 마음도 따뜻해지고 어깨도 으쓱해집니다. 에너지 파장 같은 게 느껴진다고나 할까요.

아빠가 만든 라면은 단지 라면이 아니라 '참 맛있는' 라면입니다. 그 맛을 알아주고 언제나 기쁘게 먹어 주는 사람과 그 사람

을 위해 아빠가 들이는 시간과 정성을 이루는 '사랑'이라고 생
각합니다. 그러니까 아빠 말대로 라면 맛의 비결은 '사랑'인 셈
이지요.

2 인간실격

아빠는 중학교만 겨우 졸업하고 고등학교는 검정고시를 보았다고 합니다. 엄마는 야간 고등학교를 다니다가 그만 두고 역시 검정고시를 보았고요. 두 사람은 열여덟 살 때 같은 공장에서 만났고, 스물한 살이 되었을 때 결혼을 하여 서울로 올라왔습니다. 좀 더 나은 일자리가 있을까 해서였지요. 하지만 일자리가 구해지지 않아서, 이루가 태어나기 전에는 트럭에서 야채를 팔기도 했고, 초등학교 앞에서 떡볶이 장사를 하다가 불량식품 불매운동에 걸

려 강제로 철거를 당하기도 했다고 합니다. 아빠랑 엄마는 안 해본 장사가 없을 만큼 부지런하게 일을 했지만 요즘에서야 장사다운 장사를 하는 것 같다고 기뻐합니다.

비록 테이블이 여덟 개 밖에 안 되는 작은 가게지만, 남의 건물에 세를 들어 장사하지만, 그래도 아빠는 어엿한 사장님인걸요. 누구의 간섭도 받지 않고 자신이 하고 싶은 대로, 참된 맛을 내기 위해 연구하고 요리하는 일은 참으로 행복한 일이라고, 그래서 그동안의 고생은 고생이 아니라 지금의 행복을 위한 과정이었을 뿐이라고 아빠는 종종 말합니다.

아빠도 엄마도 대학을 나오진 않았지만 언제나 무언가를 읽습니다. 신문도 열심히 읽고 가게 문을 닫은 후 잠들 때까지 텔레비전 대신 책도 많이 읽습니다. 아빠는 지금의 라면 맛에 만족하지 않고 더 맛있는 맛을 개발하기 위해 여러 가지 요리책을 봅니다.

휴일에는 엄마랑 이루를 위해 요리책에서 본 새로운 요리를 해주기도 합니다. 그런데 아빠는 요리책에 나오는 대로 만든 적은 한번도 없습니다. 그대로만 따라하는 건 베끼는 거나 마찬가지이고 자기 요리가 아니라나요. 정확한 요리법을 아는 것도 중요하지만 더 중요한 것은 자신만의 독창성이라고 늘 말합니다.

그래서 가끔은 이상한 맛이 나오기도 하지만 그래도 이루는 아빠가 해 주는 요리가 세상에서 제일 좋습니다. 사실 엄마가 하는 것보다 아빠가 하는 게 더 맛있습니다. 엄마한테는 비밀이지만요. 엄마도 아빠가 만든 게 가장 맛있다고 하니까요, 뭐.

　이루네 집에서 음식은 아빠 담당입니다. 아빠는 요리는 잘하지만 다른 일은 좀 심하게 아니거든요. 아빠가 청소를 하면 물건이 어디에 있는지 오히려 헷갈립니다. 엄마가 청소나 빨래, 정리를 하지요. 엄마의 손길이 한번 스치고 지나가면 집안은 반짝반짝 윤이 납니다. 같이 청소를 해도 엄마가 한 곳은 확실히 티가 납니다. 빨래를 개도 엄마가 갠 옷은 반듯반듯하지요. 빨래는 세탁기가 하는데도 이루가 세탁기를 돌렸을 때랑 엄마가 돌렸을 때랑은 뭔가 다릅니다. 참 이상하지요?

　하지만 이루도 잘하는 일이 있습니다. 설거지입니다. 이루가 설거지를 한 그릇에서는 뽀드득 소리가 날 것만 같아요. 그래서 누가 굳이 정한 것도 아닌데 집안일이 자연스럽게 분배되었습니다. 여자가 할 일, 남자가 할 일 나누지 말고 각자 자기가 좋아하고 잘하는 일을 맡아서 하는 걸로요.

　엄마는 어렸을 때 교과서 말고는 자기 책을 가져본 적이 한번도 없다고 합니다. 그래서 책을 사서 보는 일이 그렇게 부러웠다고 합니다. 그래서 아빠는 엄마가 보고 싶은 책이 있다면 언제나 싱글벙글하며 삽니다. 책값만은 아끼지 않는 아빠라니까요. 하지만 엄마는 아직도 책을 많이 사는 게 두렵다며 꼭 사고 싶은 것만 보고 나머지는 도서관에서 빌려 봅니다. 이루도 엄마를 따라 도서관에 자주 갑니다. 도서관 사서 언니는 언제나 환한 얼굴로 엄마랑 이루를 맞아줍니다. 이루네 라면가게의 단골손님이기도 하거든요.

요즘 아빠 엄마 손을 보면 이루는 눈물이 날 때가 많습니다. 두 분 다 고생을 많이 해서 손끝이 뭉툭하고 마디가 두껍습니다. 지금에야 철이 좀 들어서 이렇게 생각하는 거지만, 이루가 지금보다 어렸을 때는 엄마의 못생긴 손을 부끄러워하기도 했습니다. 친구 엄마들은 하나같이 얼굴이 하얗고 손도 고와보였거든요.

2년 전, 이루가 초등학교 4학년 때였습니다. 그 때는 아직 라면전문점을 하기 전이었죠. 아빠와 엄마는 남의 식당에서 일하고 있었습니다. 아빠는 횟집 주방에서 주방장으로 엄마는 고기 집에서 주방보조로 일했기 때문에 이루는 늘 혼자 집에 있었습니다. 혼자서 밥을 먹고, 텔레비전을 보고, 학원에 다녀와서 컴퓨터 게임을 해도 아빠 엄마는 오지 않았습니다.

아빠 엄마는 언젠가 자신들의 가게를 여는 게 꿈이라고, 그 때가 되면 이루랑도 더 오래 있을 수 있을 거라고 미안해했지만 이루는 괜히 심술이 났습니다. '지금이 아니면 아무 소용없어!' 라고 소리치고 싶었습니다.

학교에 학부모 모임이 있던 날이었습니다. 이루는 머리도 부스스하고 손도 거친 엄마가 학교에 오는 게 싫어서 일부러 엄마한테 선생님이 준 통신문을 보여주지도 않았습니다. 쓰레기통에 버린 걸 엄마가 어떻게 알았는지 저녁밥을 먹으며 학부모 모임 얘기를 왜 안 했냐고 물었습니다.

"몰라. 엄마 학교 오는 거 부끄러워."

지금도 그 생각을 하면 이루는 쥐구멍에라도 들어가고 싶습니다. 그 때의 엄마 표정을 죽을 때까지 잊지 못할 겁니다. 당황한 듯, 놀란 듯, 우는 듯, 웃는 듯하던 엄마. 이루는 어떻게 해야 할지 모르고 그저 멍하니 숟가락을 밥상에 놓았습니다.

침묵.

시계소리만 밥상 위로 똑딱똑딱 울려 퍼졌지요. 머리가 아플 정도의 시계소리. 시계소리가 그렇게 크게 들린 건 처음이었습니다.

저 놈의 시계 이따가 약을 빼 버리겠어! 이루는 애꿎은 시계 탓을 하며 다시 숟가락을 들었습니다.

그 때였습니다. 아빠가 숟가락을 탁 소리가 나게 내려놓았습니다. 아무 말도 없이 이루 밥그릇을 빼앗더니 이루를 일으켜 세웠습니다. 그리고는 이루를 똑바로 보면서 낮은 목소리로 조용히 물었습니다.

"다시 한 번 말해봐라."

"……."

"엄마가 어떻다고?"

이루는 짜증이 났습니다. 이게 다 저 시계 소리 때문이야. 똑딱똑딱……. 아, 귀 아파. 아, 머리 아파. 왜 아빠는 밥도 못 먹게 하고 한 번 말한 걸 또 말하게 하는 거야? 내가 시계야? 그래, 좋아. 말 못할 줄 알고? 얼마든지 말해주지. 시계처럼 정확하게 한 마디 한 마디 똑딱똑딱 말해버릴 거야.

"엄마가 학교에 오는 거 싫단 말이야."

"왜?"

"창피하니까."

"뭐가?"

"엄마는 예쁘지도 않고, 손도 거칠고, 머리도 촌스럽잖아!"

아빠는 한참을 이루를 내려다보았습니다. 이루는 그저 방바닥만 뚫어지게 바라보고 있었습니다. 똑딱똑딱. 시계소리를 뚫고 아빠의 조용한 음성이 들려왔습니다.

"다시 한 번 말해봐라."

"……"

"엄마가 어떻다고?"

"……"

아빠는 이루가 같은 대답을 열 번도 넘게 하도록 묻고 또 물었습니다. 차라리 이루를 때렸더라면, 이놈의 자식이 엄마한테 무슨 말버릇이냐고 야단쳤더라면 마음이 덜 무거웠을 겁니다. 그런데 아빠는 낮은 목소리로 묻고 또 묻고 몇 번이라도 되풀이해서 물었습니다.

"다시 한 번 말해봐라."

"아빠……"

"엄마가 어떻다고?"

이루는 결국 울음을 터뜨렸습니다. 원망과 후회와 어린애다운 고집과 어찌할 수 없는 감정에 휩싸여 고개를 들었을 때, 이루는 핏발이 서도록 부릅뜬 아빠의 눈을 보았습니다. 그런 아빠의 눈은 처음 보았습니다. 늘 이루에게는 반달처럼 웃던 아빠의 눈이었습니다. 시계소리가 갑자기 들리지 않았습니다. 머릿속이 하얗게 변했습니다. 이루는 아빠가 울고 있는 거라고, 너무 슬퍼서 눈물조차 흘리지 못하며 우는 거라고 번개처럼 알아버렸습니다.

"다시 한 번 말해봐라."

"아빠, 잘못했어요……. 으앙……! 내가 잘못했어요."

"다시 한 번 말해보라니까."

"다신 안 그럴게요. 엉엉……. 잘못했어요, 아빠……."

"네 엄마는 있지, 세상에서 가장 예쁜 사람이다. 적어도 아빠한테는 그래. 네가 아무리 못난 바보였어도 엄마는 너를 사랑했을 거다. 자신을 낳아주고 키워주고 먹여주는 엄마를 부끄러워하는 녀석은, 그런 엄마를 수치스럽게 생각하는 인간은…… 그건 인간도 아니야. 넌 오늘 인간으로서 실격이다. 개, 돼지만도 못한 놈이라고. 마음속에 사랑이 없다면 그건 인간도 아니야. 네가 오늘 왜 인간실격인지 앞으로 두고두고 생각해봐라."

이루는 그날 아빠가 낮은 목소리로 말했던 인간실격이라는 말이 가슴속을 파고들어 너무 아팠습니다. 그게 무슨 뜻인지 정확히 알진 못해도 아빠한테 맞는 것보다 더 아팠습니다.

이루가 마음속으로 '인간실격사건'이라고 부르는 그 사건 이후로 이루는 부쩍 철이 든 것 같아요. 아빠도 엄마도 깊이 고민한 게 틀림없습니다. 가게를 열기 위해 본격적으로 준비하기 시작했으니까요. 아빠가 다니던 식당을 그만두고 라면 맛에 매달려서 드디어 〈사랑이라면〉을 열기까지는 1년이라는 시간이 더 필요했지만요.

가게는 정확하게 8시에 문을 열어 8시에 문을 닫습니다. 아침 손님, 점심 손님, 저녁 손님이 꾸준하게 있는 편입니다. 더 늦게까지 하면 돈도 더 벌 수 있겠지만 아빠는 돈보다 더 소중한 게 있다고 했습니다. 가족과 함께하는 시간이지요.

이루는 가게가 바쁜 시간에 꼭 나와서 돕습니다. 평소엔 저녁때만 일하지만 방학 땐 점심때도 일합니다. 숙제거리를 가져와서 하다가 설거지감이 쌓이면 주방에서 설거지도 하지요. 그럼 아빠는 배경음악으로 이루가 좋아하는 최신가요를 틀어주곤 합니다. 이곳은 엄마 아빠만의 가게가 아니라, 바로 이루네 가게니까요.

3 문 밖의 사람

토요일 오후입니다. 점심시간도 끝났고 토요일 저녁은 한가해서 이루는 아빠와 엄마한테 오늘은 가게 문을 일찍 닫고 놀러가자고 해볼까 말까 고민하는 중입니다. 조금 있으면 겨울방학도 끝나는데 놀이동산에 한 번, 영화 보러 한 번, 눈썰매 타러 한 번 간 것이외에는 어디 놀러간 곳이 없습니다.

이루는 스케이트장에 가고 싶습니다. 친구들과 갈 수도 있지만 아빠 엄마랑 함께 가고 싶습니다. 아빠는 아무리 손님이 없어도 정해진 시간까지는 꼭 가게 문을 열어두어야 한다고 말할 게 뻔하니까, 마음 약한 엄마를 공략할까 하고 엄마를 슬쩍 봅니다.

아하~! 하지만 엄마도 힘들긴 마찬가지인 것 같습니다. 엄마는 어제부터 뭘 재미있게 읽는지 틈만 나면 책을 읽느라 정신없거든요. 도대체 무슨 책이기에 아예 책 속에 코를 박고 있는 걸까요?

"엄마, 뭐 읽어?"

"……."

"엄마."

"……."

"엄마아아아!"

"……."

소용없습니다. 엄마는 뭔가에 한번 집중하면 몸을 잡고 흔들기까진 아무 소리도 못 듣거든요. 눈앞에서 몇 번을 왔다 갔다 해도 보지 못하는 건 물론이고요.

"엄마는 지금 이 세상에 없으니까 아빠한테 말해."

아까부터 공연히 엄마 주변을 알짱거리는 이루를 보고 있던 아빠가 웃으면서 주방에서 나옵니다.

"우리 이루, 배고파?"

"아빠는. 내가 돼지인가, 뭐? 밥 먹은 지 한 시간밖에 안 됐는데."

"아빠는 네 나이 때 먹고 돌아서면 배고팠는걸."

"흐음, 아빤 돼지띠니까 그렇지!"

"야, 나만 돼지띠냐? 엄마도 돼지띠잖아."

"알아. 엄마는 책 돼지야. 저것 봐, 아예 코를 박고 보잖아."

"심술은……. 뭔가 하고 싶은 얘기가 있는 거지? 엄마 대신 아빠는 안 되냐?"

"그건 아니지만……."

아, 오늘은 아빠가 괜히 기분이 좋아 보입니다. 하기야 아빠는 〈사랑이라면〉에 있을 땐 언제나 싱글벙글이지만요. 이참에 한번 찔러나 볼까? 이루는 못 먹는 감 한번 찔러나 보자고, 어쩌면 아빠가 오케이~ 할지도 모른다고 기대해봅니다.

"아빠. 있잖아, 우리도……."

이루는 여전히 망설입니다. 아빠는 이루가 얘기를 꺼내기를 기다리며 엄마도 봤다가 주방 쪽도 봤다가 문 쪽도 보고 있습니다. 애를 태우려고 공연히 그런다는 걸 이루는 잘 알고 있습니다. 이루가 막 말을 꺼내려고 할 때 아빠가 갑자기 문 쪽으로 가더니 가게 문을 활짝 엽니다.

"추운데 이리 들어오셔서……."

"아니, 그게……."

문 밖에 누가 서 있는지 아빠는 잠깐 아무 말 없이 바라보고 있습니다. 이루는 아빠가 아는 사람이라도 온 줄 알고 아빠 옆으로 갑니다. 하지만 처음 보는 사람입니다. 이루는 자기도 모르게 얼굴을 찡그립니다. 옷은 아무거나 주워 입은 듯 꾀죄죄하고, 머리는 얼마나 오래 안 감았는지 떡이 져 있는데다가, 술을 마셨는지 어쨌는지 뭔가 이상한 냄새까지 납니다. 텔레비전에서만 보던 노숙자 같은 아저씨가 머리를 숙인 채 서 있습니다.

아빠는 잠시 그 사람을 바라보더니 손을 잡아끌어 가게 안으로 들어옵니다. 이루는 너무 놀라서 움직이지도 못하고 아빠를 쳐다보다가 냉큼 엄마한테 달려가 붙잡고 흔들어댑니다. 엄마는 처음에 무슨 일인가 하더니, 아빠가 데리고 들어와 테이블에 앉히는 사람을 유심히 바라봅니다.

"자, 여기서 몸 좀 녹이시고……."

"아니…… 그게, 저……."

"괜찮아요. 시장하시죠? 이래봬도 제 음식솜씨가 끝내주거든요. 얼른 준비할 테니 한 그릇 먹고 속이라도 풀고 가세요."

아빠는 주방으로 들어가 급하게 라면 물을 끓입니다. 엄마는 아빠를 잠깐 바라보더니 곧 보통 손님에게 하듯 단무지랑 김치를 꺼내고 상을 차립니다. 게다가 밥도 푸짐하게 한 그릇 풉니다. 이게 어찌된 영문인지, 혹시 저 사람이 아빠 친구인 것인지, 이루는 아저씨를 뚫어지게 바라봅니다. 아저씨는 아무 말 없이 그저 고개만 푹 숙이고 있을 뿐입니다.

김이 모락모락 피어오르는 '사랑이라면'을 아저씨 앞에 내려놓으면서 엄마는 말합니다.

"부족하면 더 말씀하세요. 저희 집은 라면전문점이라 메뉴가 라면밖에 없지만, 밥은 얼마든지 있습니다."

낯선 아저씨는 여전히 아무 말도 없습니다. 숙인 고개를 더 깊이 숙일 뿐입니다. 아빠 엄마는 이루를 데리고 주방 뒤편 물 항아리 앞으로 갑니다. 이루는 궁금해서 참을 수가 없습니다.

"아빠, 아는 사람이야?"

"아니."

"근데 저 사람이 라면 먹는데 왜 우리가 여기까지 와야 돼?"

"그야 우리가 있으면 저 아저씨가 불편할까봐 그렇지."

"엥? 다른 손님들한테는 안 그러잖아."

"저 사람은 다른 손님들과는 다르잖아. 그러니까 마음 편하게 먹게 해 줘야지."

"음…… 근데 아빠 저 사람한테 돈 안 받을 거지?"

아빠는 대답 대신 고개만 끄덕입니다. 엄마가 조심스럽게 아빠한테 묻습니다.

"그런데 저 사람 몇 끼는 굶은 것 같던데 괜찮을까?"

"그래서 일부러 담백한 맛의 '사랑이라면'을 준 거야. '사랑이 아니라면'은 얼큰하고 매워서 빈속에 자극이 심할지도 모르거든."

이루는 또 한번 놀랍니다. 아빠는 언제 그런 것까지 다 생각을 했을까요. 살그머니 식당 쪽을 내다보니 아저씨는 정말로 맛있게 라면을 먹고 있습니다. 국물에 밥까지 말아서 숨 쉴 틈도 없이 숟가락질을 하고 있습니다. 이루는 저러다가 체하지나 않을까 걱정입니다. 하지만 한편으로는 뿌듯하기도 합니다. 아빠의 라면이 정말 맛있다는 걸 아는 사람이 한 명 더 늘었으니까요.

"아빠, 저 아저씨 진짜 잘 먹는다. 아빠 라면이 맛있긴 맛있나봐. 그치?"

"배고플 땐 뭐든 다 맛있는 법이야. 너도 한 삼 일쯤 굶어보면 알아."

"아빠는 삼 일씩이나 굶어본 적이 있어?"

아빠는 대답 없이 엄마를 힐긋 바라봅니다. 엄마는 계속 노숙자 아저씨를 바라보고 있는데, 어쩐 일인지 눈물이 글썽글썽합니다. 이루는 영문을 모르겠습니다. 이루는 지금까지 밥을 저렇게 쫄쫄 굶어본 적이 없습니다. '인간실격사건'에서 아빠가 밥그릇을 뺏은 적은 있었지만 평소엔 늘 밥을 듬뿍듬뿍 퍼주는 아빠 엄마인걸요. 아빠는 아무 말 없이 이루 머리만 쓰다듬을 뿐입니다.

"아빠, 저 아저씨 다 먹었나봐."

낯선 아저씨는 눈을 두어 번 껌벅거리더니 식당 안을 두리번거립니다. 아빠는 얼른 아저씨한테 갑니다. 엄마랑 이루도 따라갑니다.

"다 드셨어요? 입맛에 맞았는지 모르겠네요."

"저, 정말…… 맛있게…… 잘 먹었습니다."

"다행이네요."

"그런데…… 저…… 저……."

"괜찮아요, 제가 대접한 건데요. 부담 갖지 마세요."

"고맙습니다……."

아저씨는 인사를 꾸벅 하고는 문 밖으로 걸어 나갑니다. 아빠는 아저씨를 따라 나가서 배웅까지 합니다. 엄마랑 이루도 따라 배웅을 합니다. 아빠는 아저씨 손을 힘차게 잡습니다. 아빠는 몇 번이고 무슨 말을 하려는 듯했지만 결국 이 한 마디밖에 하질 못합니다.

"…… 힘내세요."

아저씨는 아빠를 바라보더니 힘없이 웃습니다. 뒤돌아서 가는 아저씨의 어깨는 여전히 힘이 없습니다. 아저씨가 스무 걸음쯤 걸었을 때 갑자기 아빠는 소리칩니다.

"또 오세요! 다른 것도 꼭 먹으러 또 오세요! 우리 집 라면 정말 맛있어요!"

아저씨는 잠깐 아빠 쪽으로 몸을 돌리는가 싶더니 다시 고개를 돌리고 가던 길을 갑니다. 이루는 엄마 아빠 손을 잡고 놀러 가고 싶다고 했던 생각도 잊은 채 낯선 아저씨의 뒷모습을 바라봅니다. 엄마와 이루가 가게로 들어간 후에도 아빠는 아저씨가 큰길 건너 보이지 않을 때까지 오래오래 문 앞에 서 있습니다.

인간이란 무엇일까?

"도대체 인간이란 무엇일까? 인간은 세계에서 어떤 존재일까?"

다른 사람에게 혹은 내 스스로에게 갑자기 이런 물음을 받았을 때, 우린 당황해서 아무런 답도 못하는 자신을 발견합니다. 성 아우구스티누스도 『고백론』에서 다음처럼 말했습니다.

"우리는 시간에 대해 누구든 잘 알고 있을 거라고 생각한다. 그러나 갑자기 어떤 사람이 나에게 시간이 무엇이냐고 묻는다면, 나는 시간에 관해 아무것도 알지 못하는 나 자신을 발견하고 놀란다."

일상생활에서 우리는 매일매일 상식적으로 살아갑니다. 대부분의 사람들은 상식을 존중합니다. 상식이야말로 모든 앎의 기초라고 생각하는 것이지요. 다음의 대화를 들어봅시다.

"그 친구는 상식이 없어. 상식대로 행동하지 못하고 그저 자기 생각만 옳다고 주장하는 걸 보면, 그 친구는 늘 헛된 생각에 사로잡혀 있는 거야."

"그러게 말이야. 상식대로 행동하면 아무런 무리가 없는 것을, 공연히 저 혼자만의 생각으로 제멋대로 행동하니까 미친놈 소리를 듣는 거지."

그러나 알고 보면 상식이란 일상생활을 누리는 데에 그 쓸모가 있는 것이지, 참다운 앎이라고 하기엔 무리입니다. 대부분의 상식은 실용적인 것이지요. 참다운 앎을 위해선 우선 인간의 앎의 능력부터 검증되어야 합니다. 앎의 한계는 어디까지인지, 어떤 조건에서 앎이 완성되는지 등이 먼저 밝혀진 후에 차근차근 참된 앎이 성립할 수 있겠지요.

인간이 무엇인지 말하고 있는 몇 가지 주장을 살펴봅시다.

"인간의 본질은 이성적 사유다."

"인간은 자기 자신을 반성할 줄 아는 동물이다."

"인간은 창조적 존재다."

이들은 모두 제 나름대로의 타당성을 가지고 있긴 하지만 인간의 모든 속성을 한꺼번에 속 시원히 표현하고 있는 것은 없습니다. 사실

인간을 한 마디로 '○○이다' 라고 정의내리는 일 자체가 불가능한 것이겠지요.

포이어바흐는 인간을 파악하기 위해 다음과 같은 물음을 던지고 그 답을 찾으려 합니다.

"인간 스스로 인간의 본질이라고 생각하는 건 무엇일까? 인간의 고유한 특성을 이루는 것은 무엇일까?"

포이어바흐는 인간이 그 스스로 다른 동물들과 구분되는 무언가를 가지고 있음을 알기 때문에 인간이 인간일 수 있다고 생각합니다. 다른 동물들과 구분되는 인간만이 가진 무엇, 그것은 바로 의식입니다. 그래서 그는 다음처럼 답합니다.

"인간의 본질은 바로 의식이다. 내가 말하는 의식은 추상적이고 환상적인 의식이 아니라 어디까지나 생생한, 현실세계 속에서 느끼는 감각적이며 감정적인 의식이다. 그렇다면 감각적이며 감정적인 의식이란 무엇인가? 그것은 자기감정, 감각의 구분능력, 외부사물에 대한 표상과 지각, 그리고 이 모든 것들에 대한 의식이다."

2

인간의 품격

 "나는 신 안에서, 그리고 신에 대해서 무엇을 사랑하는가? 사랑, 그것
역시 실은 인간에 대한 사랑이다."

– 루드비히 안드레아스 포이어바흐

1 손으로 만들 수 있는 만큼만

집에 돌아와서도 이루는 궁금한 게 너무 많았습니다. 아빠는 왜 그 낯선 사람을 위해 라면을 끓였는지, 문 밖에까지 서서 계속 바라보았는지, 정말 삼 일 내내 굶은 적이 있었는지, 엄마의 눈에 왜 눈물이 고였는지…….

아빠와 엄마는 저녁 내내 아무 말이 없습니다. 아까까진 그렇게 책에 코를 박고 있던 엄마도 같은 곳을 읽고 또 읽는가 하면, 아빠도 평소 쉴 새 없이 메모도 하는 둥 마는 둥 요리책 사진만 멍하니

보고 있을 뿐입니다.

이루는 크게 숨을 한번 들이쉬고 부엌으로 갑니다.

"좋아! 이렇게 되면 내가 먼저 물어보는 수밖에."

이루는 모과차 세 잔을 만들어 방으로 갑니다.

"짜잔~ 티타임~"

아빠와 엄마는 이루가 건네는 찻잔을 반갑게 받아듭니다. 이루네 가족은 잠시 호호 불면서 뜨거운 차를 마십니다. 음, 역시 맛있습니다. 얼마 전에 아빠가 만든 겁니다. 아빠는 차랑 술에도 관심이 많아서 계절마다 이것저것 만들곤 하거든요. 그래서 딸기주, 포도주, 사과주 같은 과일주가 예쁜 유리병에 가득 있습니다. 모과차, 유자차, 생강차, 대추차, 수정과, 식혜 같은 것도 이루를 위해 자주 만들어 줍니다. 이러다간 쿠키랑 케이크도 만드는 게 아닌가 싶어요.

하긴 요즘에는 떡 만드는 법도 눈여겨보기도 합니다. 아빠의 요리세계는 정말 끝도 없이 넓은 것 같아요.

"아빠. 뭐 하나 물어봐도 돼?"

아빠는 이루가 뭘 물어보려는지 다 안다는 듯 빙긋 웃습니다.

"야아, 이루가 타준 거라서 그런지 더 맛있다."

아빠는 괜스레 능청도 떨어봅니다.

"음, 역시 내 아들이야. 부전자전이라니까."

"참 나, 이루가 당신 아들이기만 한가, 뭐? 내가 배 아파 낳은 아들인데."

엄마까지 합세합니다.

'아휴, 하여튼 아빠나 엄마나. 내가 볼 땐 둘이 똑같구만, 뭘.'

부전자전이 아니라 부부끼리 부전부전이라니까요.

"그러고 보니 우린 참 잘 살고 있는 거야, 그치? 이렇게 따뜻한 방에서 이렇게 맛있는 차도 마시고……. 그때는 정말 당장 오늘 저녁 먹을 것도 없어 걱정이었는데."

엄마는 먼 옛날을 회상하듯 말합니다.

"그런 때가 다 있었어?"

"이루가 아직 엄마 뱃속에 있을 때……."

이렇게 말문을 연 아빠는 이야기를 시작합니다.

"할아버지가 일찍 돌아가신 건 이루도 알지?"

"응. 할아버지도 할머니도 아빠가 열 몇 살 때 돌아가셨다고 했잖아."

"그래. 그래서 아빠는 중학교만 마치고 바로 공장에서 일해야만 했어. 가까운 친척도 없고 형제자매도 없었으니까. 아침 일찍부터 새벽까지 죽어라 일을 했지. 공부를 더 하고 싶었지만 세 끼 밥 먹는 게 그 때 아빠한테는 정말 큰일이었거든. 일하지 않으면 당장 굶어죽게 생겼으니까 말이야."

"무슨 공장이었는데?"

"처음엔 염색을 하는 곳이었어. 독한 물질을 매일 만지다보니 손의 허물이 다 벗겨지고 눈도 너무 아팠지. 이러다간 여기서 죽겠구나 싶어 다른 곳으로 옮겼는데 거긴 인쇄소였어. 일이 힘든 건 마찬가지였지만 그래도 읽을 게 있어서 좋았단다. 아빠는 공부를 정말 하고 싶었거든."

"음……. 공부는 별로 재미없는데?"

이루는 살짝 눈살을 찌푸렸습니다. 사실 공부보다는 게임이나 만화책 읽는 게 더 재미있는걸요.

"하하하. 아빠도 편하게 공부할 수 있었다면 아마 재미없어 했을 거야. 그런데 왜 그런 거 있잖아. 못 하면 더 아쉽고 더 하고 싶은 거."

"알아, 알아! 나도 하루 종일 마음껏 게임할 때보다 엄마 눈치 보면서 조금씩 몰래 하는 게 더 짜릿하고 재미있는걸."

"그때는 인쇄소에 있는 모든 걸 닥치는 대로 읽었어. 무슨 내용인지 이해 안 되는 것도 많았지만."

"뭐뭐 읽었는데?"

"음……. 지금 생각나는 건 어떤 철학자가 쓴 거였는데…… 포이어바흐였던가?"

"포? 바흐? 바흐는 음악의 아버지잖아."

"음악의 아버지?"

"학교 음악시간에 배웠는걸. 바흐랑 헨델……."

"하하하. 바흐가 아니라 포이어바흐."

"포이으…… 음, 그게 누군데?"

"철학자였는데 그 당시에 읽은 것 중에 가장 어려웠어. 주변에 물어봐도 네가 그런 걸 알아서 뭐하냐고 야단만 맞았지. 이름도 너무 어려워서 수십 번씩 마음속으로 외웠거든. 나중에 꼭 공부해야지 생각했는데 기회가 없었네. 그래도 한 가지 잊지 않고 있는 건 있어."

아빠는 잠시 생각을 더듬는 듯 눈을 감습니다. 슬며시 미소까지 떠오릅니다.

"인간의 감각이나 감정 중에서 가장 기본적인 것은 사랑이다. 사

랑이야말로 인간의 비밀이고 모든 사고와 행동의 비밀이며 인간의 가장 근본적인 힘이다."

"으흠!"

"다른 어려운 말도 많았는데 아빠한테는 그 말이 아주 강하게 다가왔어. 뭐랄까, 망치로 머리를 세게 맞은 기분이었다고나 할까? 아, 이렇게 살아야겠구나. 나는 인간이니까 사랑을 잊지 말아야겠구나 하고."

"그래서 아빠의 좌우명이 '사랑이라면 모든 것이 오케이~'인 거야?"

이루의 말에 아빠도 엄마도 큰 소리로 웃습니다. 포인지 바흐인지 그 사람 참 대단하다는 생각이 듭니다. 어쨌든 아빠한테 엄청나게 큰 영향을 미친 사람이니까요.

"그래서 그 인쇄소에선 오래 있었겠네?"

"그러고 싶었는데 인쇄소가 금방 망하는 바람에 또 다른 곳으로 옮길 수밖에 없었어. 사장님이 다른 인쇄소를 알아봐주시긴 했는데 거긴 월급이 너무 적어서 한 달 생활하기도 빠듯했거든. 그래서 세 번째로 간 곳이 과자공장이었어."

"우와~ 좋았겠다!"

이루는 진짜로 아빠가 부러웠습니다. 과자공장에서 일하면 적어도 과자는 실컷 먹을 수 있을 거 아녜요. 생각만 해도 신 나는 일입니다!

엄마는 과자를 못 먹게 합니다. 그래서 친구들과 몰래 사먹거나 조르고 졸라서 겨우겨우 한 봉지 먹을 뿐입니다. 그렇게 맛있는 과자를 왜 못 먹게 하는지…… 물론 아빠가 만들어주는 간식도 맛있지만 과자의 그 달달한 맛과 혀끝에 감도는 짭짤한 맛은 끊으려야 끊을 수가 없거든요.

"처음엔 좋았지. 과자라도 실컷 먹을 수 있다고 생각했거든. 자기 손으로 돈을 벌기 시작해서 철이 좀 들었다고는 해도 그때 아빠는 겨우 열여덟 살이었으니까. 지금 고등학교 2학년밖에 안 되는 나이잖아?"

"그래서 과자는 많이 먹었어?"

"아니, 처음엔 감시가 심해서 먹지도 못 했어. 그런데 나중엔 먹으라고 해도 먹을 수가 없었어."

"왜에? 그 맛있는 과자를?"

아빠는 잠시 생각하는 듯 엄마를 보면서 말합니다.

"왜 그랬을까? 당신은 어땠어?"

"난 지금도 생각만 해도 구역질이 나."

이루는 엄마랑 아빠를 번갈아 봅니다. 아빠와 엄마는 같은 공장에서 일하다가 만났다고 예전에 이루에게 말해준 적이 있습니다. 아하! 그게 바로 과자공장이었나 봅니다. 그런데 엄마는 그곳이 되게 싫었던 모양이네요. 이루는 고개만 갸웃거립니다.

"이루야, 엄마가 지금도 이루한테 과자 못 먹게 하지?"

"응…… 그래서…… 나도…… 많이는 안 먹어."

이루는 할 수 없이 거짓말을 합니다. 아빠가 다른 건 몰라도 절대 거짓말은 하지 말라고 했는데……. 어쩌지요? 사실은 오늘도 몰래 과자 한 봉지를 먹어버렸거든요.

"왜 그런지 알아? 과자공장에서 일할 때 너무 끔찍한 걸 많이 봐서 그래. 인간이 먹으면 해로운 건 물론, 원가를 낮추기 위해 유통기한이 지난 재료를 쓰기도 하고. 지금은 어떨지 모르지만 그래도 사먹는 과자는 어쨌든 몸엔 안 좋다고 생각해. 뭔가 대량으로 만들어 내다보면 사람을 생각하지 않고 돈만 생각하게 되거든."

이루는 알 것도 같습니다. 그래서 아빠는 손으로 만들 수 있는 만큼만 라면을 만들어 파는 거라고 했습니다. 많이 만들다 보면 정성이 부족해지기 마련이라고 입버릇처럼 말하면서요. 배달을 하면 장사가 더 잘 될 텐데도 라면은 금방 불기 때문에 맛이 떨어진다고 배달도 하지 않을 정도니까요. 하지만 그보다 사람들이 직접 찾아와서 먹어 주기 때문에 그 사람들의 사랑을 느끼고, 그에 맞는 맛으로 보답하는 게 돈을 많이 버는 것보다 더 좋다고 합니다.

역시 음식은 사랑이라니까요.

2 겨울의 끝

"과자공장을 당장 그만두고 싶었지만 중졸밖에 안 되는 아빠 학력으론 일자리 구하는 게 하늘의 별따기만큼 힘들어서 굶어죽기 싫으면 계속 다녀야만 했어. 그래서 힘들어도 공부를 계속해야겠다고 결심했지. 그렇지 않으면 평생 사람답고 떳떳하게 살 수 없을 것 같았거든."

"사람답게?"

"물론 대학을 나오지 않아도, 고등학교를 졸업하지 못해도 사람답게 살 수 없는 건 아니야. 아빠가 생각한 건 대학이나 고등학교 같은 학교에 다니는 게 아니라 제대로 된 공부를 하고 싶다는 거였어. 그것 때문에 고등학교 졸업장을 갖고 싶었던 거지. 그러면 적어도 더 나은, 더 많은 기회를 얻을 수 있을 것 같았거든."

"그럼 엄마랑은 어떻게 알게 된 거야?"

이루는 물론 아빠와 엄마의 사랑이야기를 알고 있습니다. 아빠한테도 엄마한테도 몇 번이나 졸라서 들은 이야기인걸요. 하지만 이상하지요. 엄마 아빠의 사랑이야기는 언제 들어도 웃음이 절로 납니다. 좀 부끄럽기도 하고 마음이 간질간질하면서도 또 듣고 싶은 걸요.

엄마는 집이 너무 가난해 공장에 다니면서 야간 고등학교를 다니고 있었지만, 너무 피곤해서 공장에서도 학교에서도 툭하면 졸기 일쑤였다고 합니다. 게다가 잔업이라도 있는 날이면 학교에 간다고 빠지는 게 너무 눈치 보여 차라리 학교를 그만둘까 고민하고 있었다고 해요. 우연히 그 사실을 알게 된 아빠가 학교는 절대 그만두면 안 된다고 하는 바람에 용기를 내 계속 다니게 되었다고 합니다.

"아빠는 그때도 포이어바흐 얘기를 했어."

"아는 게 그것밖에 없었거든. 당신한테 좀 멋있게 보이고 싶기도 했고."

아빠가 쑥스럽다는 듯 머리를 긁적이는 바람에 엄마와 이루는 한바탕 웃음을 터뜨렸습니다. 엄마는 그럼에도 불구하고 3학년이 되기 전에 결국 학교를 그만두고 말았지만 그때부터 아빠랑 같이 서로 격려하며 검정고시 준비를 하게 되었습니다. 2년 만에 얻은 합격소식을 듣던 날은 세상을 다 얻은 듯 누구도 부럽지 않았다나요. 둘이서 껴안고 길거리에서 펑펑 울기까지 했다고 합니다. 그리곤 몇 년 후에 결혼하고서 서울로 올라왔다고 말했습니다.

"외할머니가 반대 안 했어? 그렇게 일찍 결혼했는데?"

이루는 다 아는 얘기를 또 물어봅니다.

"처음엔 반대했는데 아빠를 한번 만나보시더니 허락했어."

엄마는 수줍은 듯 웃으며 늘 이렇게 말하는데 엄마의 이 말을 이루는 굉장히 좋아합니다. 역시 우리 아빠라니까~ 하는 생각이 들거든요. 아빠는 계속 이야기를 이어나갑니다.

"둘 다 가진 돈이 얼마 없어서 서울 달동네 꼭대기에 방 한 칸 얻고 나니까 살 길이 막막했어. 당장 일자리를 찾아야했는데 아는 사람도 없는 곳에서 일 구하기가 쉽진 않았지. 게다가 엄마 뱃속

에는 이루가 있었거든."

"그때 아빠가 갑자기 딱 삼 일 동안만 어디를 다녀온다는 거야. 엄마는 입덧이 너무 심해서 일을 구할 수가 없었고 쌀은 이틀 치밖에 없었는데…… 어떻게 해서든 그 안에 일자리를 구해보겠다고…… 일부러 나 때문에…… 둘이 먹다간 쌀이 하루 만에 떨어질 것 같으니까 나 혼자라도 밥을 제대로 먹게 하려고…… 그래서 그랬던 거지?"

엄마는 갑자기 목이 멘 듯 말을 잘 잇지 못합니다. 아빠는 가만히 엄마 손을 잡아줍니다.

"난 정말 필사적이었어. 공장에서도 신용이 확실하지 않으니 잘 안 써주려고 했고, 그렇다고 변변한 기술이 있는 것도 아니었잖아. 삼 일 동안 굶으면서 헤매고 또 헤매다가 어느 식당 문 앞에서 쓰러졌는데 정신을 차리니 그 식당 온돌바닥에 누워있더라고. 식탁에는 밥상이 잘 차려져 있었는데, 난 앞뒤 잴 것 없이 미친 듯이 밥부터 먹었지. 나중에 그 식당주인이 돌아와서 내 사정을 듣더니 그럼 여기서라도 일해보라고 말해줬어. 그래서 아빠가 처음으로 음식 만드는 일을 배우게 된 거야. 아빠는 지금도 그 주인아저씰 아버지 같은 분으로 생각한단다. 이루가 두 살 때 돌아가셨지만."

이루는 그제야 아까 낯선 아저씨한테 아빠가 왜 그렇게 따뜻하게 대했는지 알 것 같습니다. 엄마가 왜 과자를 못 먹게 하는지, 아빠가 왜 끼니마다 밥을 꼭 새로 해서 한 그릇 가득 퍼 주는지도요. 또한 엄마가 아빠에게, 아빠가 엄마에게, 그리고 이루가 엄마 아빠에게 어떤 존재인지도요. 가슴이 아릴 정도로 애틋하고 사랑스러운 존재라는 것을 말입니다.

 "때로 한 그릇의 밥은 사람을 살리기도 한다는 걸 아빠는 그때 배웠어. 아빠를 살렸던 사장님께 어떻게 해서든 은혜를 갚겠다고 했더니, 자기한테 받은 은혜는 나중에 다른 사람한테 갚으면 된다는 거야. 한 사람한테 받은 건 다른 사람한테 주어도 마찬가지라면서. 인간이 인간으로서 지녀야 할 예의나 염치 같은 게 있다면 그건 바로 사랑을 하는 거라고."

 아빠는 잠시 말을 멈추더니 이루를 똑바로 바라보고 말합니다.

 "그리고 그게 바로 인간의 품격이라고 하셨단다."

 인간의 품격! 이루는 심장이 쿠쿵 하는 기분이 들었습니다. 예전에 아빠한테 들었던 '인간실격'이라는 말이 떠올랐기 때문이죠. 그래서 '인간실격'만큼 '인간의 품격'이란 말도 가슴 속 깊이 담기로 했습니다. 사랑이 없다면 인간이 아니라는 아빠의 평소 생각이 이 한 마디 말에 들어있다는 생각도 했습니다.

"머리로만 알고 있던 사랑이 가슴으로 들어왔지. 포이어바흐가 어쩌고 했지만 그게 뭔지도 몰랐던 거야. 사랑에는 여러 형태가 있겠지만 아빠는 나눌 줄 아는 것이 사랑이라고 생각했단다. 그래서 언젠가는 배고픈 사람들에게 나도 도움을 주는 사람이 되리라고 결심했지. 그런데 오랫동안 그 처음의 마음을 잊고 살았던 것 같아. 먹고 사느라 바쁘다고는 해도 마음만 먹었다면 할 수도 있었던 일인데. 그런데 오늘 그 사람을 보니까 옛날의 아빠가 생각이 나서……. 그 사람이 아빠를 다시 깨우쳐 주었던 거지."

"당신 생각나? 이루가 처음 태어났을 때 하고 싶은 일을 모두 이루라고 이름을 '이루'라고 지었던 거잖아. 가난한 사람을 돕는 것도 우리가 하고 싶은 일이었는데……. 이젠 정말 때가 된 것 같지?"

엄마는 아빠의 손을 꼭 잡으며 웃습니다. 아빠도 엄마를 보며 웃습니다.

"그래, 이젠 더 이상 미룰 수가 없겠네."

이루는 그날 밤 아빠와 엄마가 언젠가는 해야겠다고 생각했던 일이 무언지 알게 되었습니다. 가난한 사람들을 위해 따뜻한 밥을 준비하는 일입니다. 당장은 한 달에 한 번이라도, 그리고 자리가 잡히면 일주일에 한 번씩, 어떤 방식으로 어디에서 어떻게 할 것인지 머리를 맞대고 의논하느라, 아빠도 엄마도 이루도 밤이 깊어가는 줄을 모릅니다.

창밖은 아직 쌀쌀하지만 날카롭지는 않은 바람이, 겨울이 곧 끝나간다는 듯 창문을 가만가만 흔들고 있습니다.

3 나누는 기쁨

봄입니다. 은행나무엔 자그마한 잎들이 보글보글 돋았고 먼 산 꼭대기가 보송보송한 느낌입니다. 진달래, 개나리도 꽃망울을 터뜨립니다. 파릇파릇 새싹이 돋고 햇살도 따스합니다. 바람은 부드럽게 볼을 스치지만 이따금 꽃샘을 부리기도 합니다.

이루도 6학년이 되었습니다. 방학 때처럼 가게에 오래 있을 수는 없지만 그래도 이루는 학원에 다녀와서 한두 시간은 꼭 가게 일을 돕습니다. 엄마랑 아빠는 내년엔 중학생이 되니까 공부를 더 많이 했으면 좋겠다고 하지만 저녁 때 잠깐 돕는다고 공부에 크게 지장이 있는 것은 아닙니다. 게다가 이루는 벌써 마음속에 하고 싶은 일이 생겼습니다. 아빠 엄마한텐 아직 비밀이지만요.

아빠랑 엄마는 요즘 신바람이 납니다. 일요일마다 사랑의 도시락을 만드는 일을 하고 있거든요. 이것저것 알아보고 의논한 결과 민간단체와 연결이 되어 혼자 사는 노인분이나 부모님이 없는 아이들에게 일요일 점심도시락을 만들어 주는 일을 합니다. 비록 일주일에 한 번이기는 하지만 그래도 보통 일이 아닙니다. 무려 50개의 도시락을 만들어야 하거든요.

다른 이를 돕기 위해 아빠는 매번 다른 종류의 도시락을 연구하느라 바쁩니다. 가게 문을 닫고서도 늦게까지 이것저것 만들어 봅니다. 덕분에 이루가 먹을 게 엄청 늘었습니다. 이루는 자연스럽게 과자와 이별하고 아빠가 만들어 놓은 음식을 간식삼아 먹고 있습니다.

일주일이 어떻게 지나나 싶을 정도로 빠르지만 아빠도 엄마도 이루도 싱글벙글입니다. 역시 사람은 하고 싶은 일을 할 때 제일 행복한가 봅니다.

이루는 요즘처럼 환한 아빠 엄마 얼굴을 본 적이 없는 것 같습니다. 갑자기 엄청난 부자가 된 것도 아니고 이루가 반에서 1등을 한 것도 아닌데 정말 세상 모든 것을 다 이룬 것 같은 표정입니다. 아빠는 엄마랑 검정고시 합격했을 때, 혼인신고를 하러 갔을 때, 이루가 세상에 태어났을 때 다음으로 지금이 행복하다고 합니다. 나누는 기쁨이 이렇게 큰 것인 줄 몰랐다고 흐뭇해합니다.

 가진 것이 많아야 나눌 수 있는 것만은 아니라는 걸 이루는 깨닫는 중입니다. 마음만 있으면 아무리 작은 것도 나눌 수 있습니다. 나누면 나눌수록 더 큰 기쁨이 마음 안으로 흘러들어옵니다. 자신만을 위해 무언가를 가지면 그것을 지키기 위해 마음이 좁아지지만, 나누면 마음이 바다보다 하늘보다 넓어집니다. 물도 흘러야 썩지 않듯 마음도 풀어두어야 풍성해지는 것 같습니다. 나누는 기쁨은 가지는 기쁨보다 백 배, 천 배는 더 큰 기쁨입니다. 그래서 요즘 이루는 엄마 아빠가 정말 자랑스럽습니다. 큰돈 좀 못 벌면 어때요? 대학 좀 안 나왔으면 어때요? 누구보다 사랑으로 가득한 마음을 지닌 부모님인걸요.

 일요일은 새벽부터 총동원되어 도시락을 쌉니다. 물론 이루도 빠질 수 없지요. 9시 전에는 50개의 도시락을 다 싸놔야 합니다.

배달해 주는 분이 9시에 오시거든요. 전에 하시던 분이 다른 지역으로 가서 오늘은 새로운 분이 오기로 한 터라 이루는 누가 올지 무척 궁금합니다. 일주일에 고작 한 번 만나는 사람이겠지만 이것도 인연이라면 인연이니까요. 물론 이 말은 엄마가 한 거지만요.

좋은 재료를 정성껏 씻고 다듬고 삶고 무칩니다. 한 가지 안타까운 건, 밥은 갓 해서 따뜻하게 먹을 때가 제일 맛있는데 배달하는 시간 때문에 식은 밥을 먹게 된다는 것입니다. 아빠는 언제나 이루에게 막 지어서 김이 모락모락 올라오는 새 밥만 주었거든요. 아빠의 사랑을 느끼자 이루는 가슴 한쪽이 찡해옵니다. 정말 밥 한 그릇에는 말로 다 못할 사랑이 담겨있다는 걸 느낍니다. 그래서 한 톨도 남기지 않고 깨끗하게 밥그릇을 비웁니다. 밥 한 그릇은 생명이고 사랑이니까요.

오늘 도시락은 해물탕수육 덮밥입니다. 탕수육을 따뜻하게 데우면 그나마 찬밥보단 낫겠다고 생각해서입니다. 밥과 탕수육을 따로 넣고 후식으로 사과도 반쪽씩 넣습니다. 재료를 다듬고 요리하는 건 아빠가, 사과를 자르는 건 이루가, 도시락에 예쁘게 담는 건 엄마가 합니다.

도시락을 정성껏 싸는 엄마 손을 보며 이루는 생각합니다. 다른 사람들이 정해놓은 기준보다 자신의 마음의 기준이 중요한 거라고요. 평생 고생이라고는 한번도 해보지 않은 듯한 하얗고 보드라운 손보다 엄마의 거친 손이 더 아름답게 느껴지는 건 이루가 마음의 눈으로 보기 때문일 겁니다. 한때 그 손이 부끄러웠던 적도 있었지만 지금은 분명히 알 수 있습니다. 겉으로 보이는 것만이 전부는 아니라는 것, 인간답게 산다는 것이 과연 무엇인가를 말이죠.

따뜻한 도시락이 완성되었습니다. 이루는 이 순간이 가장 뿌듯합니다. 정성껏 만든 도시락을 누군가 맛있게 먹어준다는 생각만으로 참 기쁩니다. 사람의 진심은 꼭 전해지는 거라고 아빠는 말했습니다. 그래서 하나라도 허투루 만들 수는 없다는 말에 이루도 고개를 끄덕거립니다.

가게 문이 열리고 배달을 도와주시는 분이 들어왔습니다. 봄 햇살처럼 따사로운 웃음이 얼굴에 가득한 사람입니다.

"어? 어어?"

갑자기 아빠가 그 사람을 향해서 뛰다시피 다가갑니다. 그 사람도 환한 얼굴로 아빠의 손을 덥석 잡습니다. 아빠 친구인가? 이루는 엄마랑 다가갑니다. 어디서 본 듯도 한데…… 기억은 나질 않

습니다. 엄마는 이제 알아보겠다는 듯 웃으며 인사를 하지만 조금
은 놀란 눈치입니다. 왜 나만 모르는 거야? 하는 표정으로 이루는
아직도 손을 놓지 않고 있는 아빠와 아저씨를 번갈아봅니다.

"아이고, 이게…… 이게 어떻게 된 일입니까?"

"많은 일이 있었지요. 아, 이게 오늘 도시락인가요?"

아빠는 아저씨를 도와 도시락을 차에 싣습니다. 오래 전에 헤어
진 친구라도 만난 듯, 혹은 생이별했던 형제라도 만난 듯 기쁜 얼
굴입니다. 엄마도 그에 못지않게 반가운 얼굴입니다.

"아, 이따가 일 끝나고 가게로 함께 가도 될까요? 정말 맛있는
또 다른 라면 먹을 수 있을까요?"

아빠는 고개만 끄덕끄덕합니다. 이루는 도대체 무슨 영문인지
알 수 없습니다. 아저씨가 이루를 보고 웃습니다. 이루도 웃으며
인사를 합니다. 낯설지 않은 느낌입니다. 그래도 생각이 나지 않
습니다. 도대체 누구지?

"아빠, 아는 사람이야?"

차가 보이지 않을 때까지 문 앞에 서 있는 아빠 옆에서 이루는
물어봅니다. 아빠는 엄마랑 이루 손을 잡고 가게 안으로 들어옵
니다.

"기억 안 나? 그때 그 아저씨잖아? 우리 가게에서 라면 먹고 갔
던……."

이루는 눈을 이리저리 굴리며 기억을 되살리더니 깜짝 놀라는
표정이 되어 묻습니다.

"…… 에에? 저 분이 정말 그 아저씨라고요?"

감각과 감정

우리들은 마음의 여유가 생길 때 자기 스스로에게, 혹은 주변 사람들에게 이런 질문을 던질 때가 있습니다.

"도대체 인간이란 무엇일까? 인생살이는 너무 힘들구나. 말할 수 없는 고뇌와 번민을 누구나 다 남 모르게 짊어지고 있겠지?"

"그래, 맞아. 이런 힘든 인생을 인간은 왜 사는 거지?"

"인간의 본질을 알면 인간이 무엇인지도 알 수 있고 나아가 인간이 왜 살고 있는지도 알 수 있지 않을까?"

이와 같은 질문에 독일의 철학자 포이어바흐는 인간의 본질이 의욕, 사랑, 사유에 있다고 하였습니다. 그가 말하는 의욕, 사랑, 사유는 모두 감각적인 것입니다. 왜냐하면 그는 인간을 물질적인 자연과정의 한 존재로 보았기 때문입니다.

의욕, 사랑, 사유를 신적인 것, 다시 말해서 인간의 능력을 넘어서는 초월적인 것에서부터 생긴 것이라고 주장하는 사람들도 있습니다. 독일의 피히테나 헤겔과 같은 관념론자들이 그러한 입장입니다. 헤겔은 절대적인 신적 정신이 자신을 펼쳐나감으로써 자연, 예술, 종교 및 철학이 생기는 거라고 주장합니다. 하지만 포이어바흐나 마르크스처럼 세계의 근원을 물질적인 것으로 보는 유물론자들은 그러한 관념론을 반박합니다.

　돈과 물질적 수단을 중시하는 우리들은 대체로 유물론적인 생각에 익숙합니다.

　"너는 생활하는 데 제일 중요한 것이 무엇이라고 생각하니?"

　"물어볼 필요도 없지 않니? 돈이지 뭐야?"

　"하긴 돈이 중요하긴 하지. 그래도 나는 인간의 능력이 제일 중요하다고 생각해."

　"능력도 다 경제적 뒷받침이 있어야 발휘할 수 있는 것 아니겠어?"

　하지만 포이어바흐의 유물론은 물질가치를 최고로 생각하는 물질만능주의 유물론이 아니라, 인간이 자신의 몸을 통해 느끼는 감각과 감정을 중심으로 생각하는 인간학적 유물론입니다.

　포이어바흐의 철학에서 핵심문제는 인간입니다. 그는 인간학적 유물론의 입장에서 인간을 이해하고 파악하며, 추상적인 이성을 인간의 본질에서 추방시킵니다. 왜 그럴까요? 그 이유는, 포이어바흐는 철학과 신학은 환상에 젖어있으며 인간을 참답게 파악하지 못하고 허구적으로 이해한다고 보기 때문입니다.

　철학자 포이어바흐는 왜 철학과 신학이 참다운 학문이 아니라고 반박하는 걸까요? 그 이유는 철학과 신학은 추상개념들을 사용해서 인간과 세계를 설명하기 때문에, 인간 이해에 있어서도 형식적 개념들을 사용하면서 그 틀 안에 인간을 가두어놓는다는 것입니다. 따라서 인간을 제대로 설명하지 못하고 있다는 것입니다. 인간학적 유물론의 입장을 지닌 포이어바흐로서는 감각과 감정만을 인간의 참다운 능력으로 볼 수밖에 없는 일이었지요.

　이렇게 보면 포이어바흐는 상식적 유물론의 입장을 가진 일상인들의 생각에 가장 가까운 사상을 전개했다고 볼 수도 있습니다. 의욕과 사랑과 사유를 감각적인 것들이라 주장하며 인간의 본질로 여겼다는 건, 그가 인간을 하나의 자연대상으로 여기고 있었음을 뜻하는 것입니다.

3

인간학적 유물론

 "기적은 정서로부터 생기고 다시금 정서로 되돌아간다."

― 루드비히 안드레아스 포이어바흐

1 포바흐가 아니라 포이어바흐!

이루는 정말 깜짝 놀랐습니다. 그때 그 꾀죄죄하던 아저씨가 아까 그 아저씨랑 같은 사람이라고? 믿을 수가 없습니다. 이루의 눈에는 전혀 다른 사람으로 보이는 걸요. 마음으로 보네 어쩌네 했지만 역시 아직도 멀었나 봅니다. 언제쯤이면 진짜 마음으로 사람을 볼 수 있을까요?

아저씨는 정오가 조금 넘어 가게로 왔습니다. 아빠는 점심상을 차려놓고 기다리고 있었지요. 하지만 이루는 암만 봐도 다른 사람

같은 아저씨를 고개를 갸우뚱하며 볼 수밖에 없었습니다. 사람은 이렇게 달라지기도 하는구나…… 생각하면서요. 이루에겐 그만큼 충격이었거든요.

"정말 깜짝 놀랐어요. 어떻게 된 건가요?"

점심을 먹고 나자마자 이루가 궁금해 하는 것을 아빠가 대신 물어봐줍니다.

"그게 다 〈사랑이라면〉 덕분인걸요."

아저씨는 어디서부터 이야기를 시작할까 하다가 이렇게 말문을 꺼냈습니다. 아빠와 엄마와 이루, 세 가족은 눈을 동그랗게 뜨고 이야기를 듣습니다.

"제가…… 한 3년 전만 해도 조그만 공장을 경영하고 있었거든요. 공장이라고는 해도 종업원이 10명도 안 되는 아주 작은 것이었지만, 그럭저럭 먹고 살 만은 했지요. 그러다가 그만 부도가 나서 겨우 마련한 집까지 팔게 되었습니다. 하루아침에 거리로 쫓겨난 신세가 되고 나니 아이들은 아직 어리고……. 집사람이 파출부 일을 시작했지만 마음속 분노가 가라앉질 않았어요. 물건은 제 날짜에 납품했는데 돈은 한 푼도 못 받았으니 억울하고 분해서 미칠 지경이었죠."

아빠는 저런, 하면서 깊은 한숨을 쉬었습니다.

"어디 가서 하소연 할 데도 없고…… 그래서 매일 술만 마셨습니다. 애들하고 집사람한테는 툭하면 화내고 소리치고, 심할 때는 손찌검까지 했어요. 미친놈이었던 거죠."

이루는 가슴이 점점 아파왔습니다. 아저씨한테도 나만한 애들이 있었을 텐데. 만약 아빠가 그랬다면 정말 아빠가 미웠을 거란 생각이 들었습니다.

"이대로는 안 된다고, 다시 힘을 내야 한다고 생각했지만 그게 말처럼 쉽지는 않더군요. 애들도 이제 저한테는 말도 안 하려고 하고……. 하긴 매일 술만 먹고 화만 내는 아빠가 무섭고 싫기도 했겠죠. 하루하루 가족들 얼굴 보는 게 지옥보다 괴로웠습니다. 그래서 결국 집을 나왔어요. 편지 한 장 덜렁 놔두고 이 나이에 우습게도 가출을 했습니다. 다시 돈 벌어서 자리 잡고 살 수 있을 때까지 조금만 기다려달라고요."

1년이 지나고 2년이 지나도 상황은 좋아지지 않았고, 그나마 가지고 나왔던 돈마저 다 떨어져 아저씨는 결국 노숙자 생활을 할 수밖에 없었다고 했습니다. 그대로 집에 돌아갈 수도 없어 길거리에서 살다보니 하루에 밥 한 끼도 못 먹는 날이 많았다고 합니다.

그러다 우연히 우리 가게 앞을 지나게 되었는데 〈사랑이라면〉이라는 이름이 하도 그립고 애틋해서 한참을 바라보고 있었던 거라고 합니다.

"그날 먹은 라면은 내가 세상에 태어나 먹은 음식 중 제일 맛있었습니다. 뜨거운 국물을 먹고 나니 문득 내 식구들 생각이 나더군요. 밥이나 제대로 먹고 있는지……. 갑자기 나 자신이 너무 부끄러웠어요. 내가 지금 여기서 뭘 하고 있나. 힘내서, 다시 한번 힘내서 다 같이 살아봐야 하지 않겠나 하는 생각이 들었거든요."

마음을 다잡은 아저씨는 수소문 끝에 노숙자들이 자립할 수 있게 도와주는 시설을 찾아 일을 하기 시작했다고 합니다. 적은 액수이지만 월급도 받기 시작했고 가족들과도 다시 만났다고 했습니다. 그리고 더 놀라운 사실은 어느 대학에서 강의를 들으며 철학공부를 하고 있다고 했습니다.

"철학이요?"

"응. 한 대학에서 일반인을 대상으로 무료강의를 하는 건데…… 처음 그 얘기를 들었을 땐 말도 안 되는 소리라고 비웃었지. 내 주제에 무슨 철학인가 싶어서 말이야. 하지만 가만히 생각해보니 못 배울 것도 없다는 생각이 들었어. 뭔가 내 마음 속에서 강하게 원하는 것처럼 의욕이 샘솟는 게 느껴졌지. 그래서 무작정 찾아갔던 거야."

"거기선 뭘 배우는데요?"

"여러 철학자들이 생각하고 주장했던 걸 배우고 있는데, 내가 가장 감동 깊게 배우고 있는 건 포이어바흐의 철학이란다."

"포이어바흐!" 아빠, 엄마, 이루는 동시에 소리쳤습니다. 아저씨는 무슨 영문인지 몰라서 눈이 동그래졌어요.

"아빠, 아빠! 포바흐래!"

"그래, 그래! 그런데 포이어바흐다!"

포이어바흐, 포이어바흐, 이루는 익숙하게 말할 때까지 몇 번이고 이름을 불러봅니다. 아빠는 포이어바흐에 얽힌 이야기를 아저씨에게 들려주었습니다. 이야기를 다 들은 아저씨도 기쁜 듯 고개를 끄덕였습니다.

"아저씨, 그럼 아저씨는 포이어바흐에 대해 잘 아시겠네요?"

"잘 안다고까지는 할 수 없지만……."

"꼭 좀 들려주세요. 네?"

이루는 반짝반짝 눈을 빛내며 조릅니다. 아빠도 아저씨도 감동을 받은 철학자라니까 더욱 더 궁금할 수밖에요.

"포이어바흐는 어떤 사람이에요?"

"음, 인간은 무엇이고 어떻게 살며 왜 사는지에 대한 답을 찾으려고 노력한 사람이란다."

"그래서 답을 찾았나요?"

아저씨는 대답대신 이루의 머리칼을 쓰다듬어줍니다. 그날 이루는 아빠 엄마와 함께 오후 늦게까지 아저씨에게 포이어바흐 이야기를 들었습니다. 이루는 아저씨 이야기를 들으며 점점 놀랄 수밖에 없었습니다. 말도 제대로 못하고 고개만 숙이고 있던 아저씨가 사람의 눈을 똑바로 바라보면서 어려운 이야기를 술술 풀어나갔으니까요.

2 미래철학

"철학에서는 이 세계를 이루고 있는 근원적인 걸 무엇으로 보느냐에 따라 두 입장으로 나뉜단다. 세계는 정신으로 이루어져있다는 게 관념론이고, 반대로 세계는 물질로 이루어져있다는 게 유물론이지."

"아하. 세계를 이루는 게 정신이냐, 물질이냐? 이거군요?"

이루는 뭔가 좀 알겠다는 듯 으쓱해서 말합니다. 아저씨가 환하게 웃어줍니다. 아빠도 '아이구, 우리 아들~' 하면서 머리를 쓰다듬습니다. 헤헤헤. 칭찬은 사람을 참 기분 좋게 하는 것이죠.

"포이어바흐 때는 유물론적 실증주의가 대세였단다. 물질로 이루어져있는 이 세계를 탐구하고 알기 위해서는 경험하고 관찰하고 검증하는 방법을 써야 한다는 건데, 이런 주장을 처음 했던 사람이 프랑스 철학자인 콩트였어. 그 사람은 종교조차도 '인간종교'여야 한다고 주장했지."

아빠가 고개를 끄덕이며 말합니다.

"꽤나 인간중심적인 사람이었군요?"

"맞아요. 포이어바흐는 사실 관념론자인 헤겔을 배우던 사람이었어요. 그래서 청년기에는 헤겔과 같은 입장이었죠. 그런데 콩트의 사상을 접하고 나자 아무래도 인간의 정신적인 측면만 강조하는 헤겔이 틀렸다고 생각하게 되었나봅니다. 곧 헤겔을 비판하는 입장으로 돌아서고 말죠."

"헤겔을 배신한 거군요!"

이루가 주먹을 내리치며 외치자 아저씨가 껄껄 웃습니다. 그리자 아빠도 껄껄 웃습니다. 이루는 '내가 뭘 잘못 말했나?' 하고 생각합니다. 믿었던 엄마까지 입을 가리며 웃고 있었거든요.

"철학에서는, 아니 철학뿐만 아니라 어느 학문에서든 마찬가지

란다. 한 사람이 다른 누구의 생각에 동의한다고 해서 의리를 지키는 것도 아니고, 또 입장을 달리한다고 해서 배신하는 것도 아니야. 학자는 단지 자기 관점에서 자기 생각을 주장할 뿐인 거지."

"아아…… 그렇군요."

아저씨의 설명을 들은 이루가 고갤 떨어뜨리며 얼굴을 붉히자, 엄마는 재밌는 듯 키득키득 웃으며 이루의 볼을 꼬집어 흔듭니다. 이루는 '그래요, 나 무식합니다' 하는 표정입니다.

"포이어바흐는 이제 감각적 지식이나 감정이야말로 인간의 참모습이라는 입장을 취하게 돼요. 그래서 인간학적 유물론, 혹은 유물론적 인간학이라고도 부르는 그만의 철학이론을 확립하지요. 그의 사상은 후대의 유물론자들에게도 큰 영향을 미쳤는데, 특히 마르크스 같은 경우가 그렇습니다. 마르크스는 순도 100%의 유물론자라고 할 수 있으니까요."

"아하, 젊을 땐 헤겔 주장이 맞는 것 같아서 잘 따랐는데, 콩트의 주장을 들어보니 헤겔이 틀렸다는 걸 깨달았다는 거죠? 그래서 생각을 바꾸고 인간학적 유물론이라는 자신의 철학을 주장하게 되었다는 건가요?"

"네, 그런 셈입니다."

조용히 있던 엄마가 말하자 아저씨는 대답했습니다. 이 대화를 간신히 따라가고 있는 건 아무래도 이루뿐인가 봅니다. 이루도 질 수 없어 엄마처럼 한마디 합니다.

"그러니까, 이제껏 맏형 헤겔 말을 잘 따르던 포이어바흐였는데, 헤겔 형과 다른 생각을 하는 콩트라는 친구 얘길 듣고 나자 헤겔 형 말을 안 듣고 반박하기 시작했다는 거죠? 그러면서 자기 생각대로 행동하고요."

아저씨가 놀라서 입을 쩍 벌립니다.

"오, 탁월한 비윤데?"

"또 그런 맏형과 둘째형을 지켜보던 막내 마르크스가 둘째형 편을 들었다는 거죠? 그러면서 자기 나름의 생각을 또 키워갔고요."

"이루 아버지, 이루 잘 키우세요. 아무래도 천재 같아요."

"들었지, 이루야? 알아서 잘 커야 한다."

아빠는 눈썹을 씰룩거리며 이루를 쳐다보곤 큭큭 웃습니다. 이루도 피식 웃고 말죠. 엄마가 아저씨에게 물어봅니다.

"그럼 포이어바흐는 헤겔과 마르크스 사이에 있었던 인물인가요?"

"정답입니다. 포이어바흐는 자신의 철학을 '미래철학'이라고 주장했어요. 이전의 관념론과 종교 등을 비판하며 나온 새로운 철학이라고 말이죠."

"미래철학? 꼭 SF영화 제목 같은데요? 그럼 우리한테는 '현재철학'이 되겠네요?"

이루가 말하자 아저씨는 싱긋 웃으며 말을 계속합니다.

"글쎄? 포이어바흐가 제시한 미래철학의 과제를 우리가 잘 해내고 있다면, 그럴 수도 있겠지."

"무슨 과제요? 포이어바흐가 우리한테 숙제를 내준 거예요?"

"우리에게 내준 숙제라고 봐도 되겠지. 우린 포이어바흐에게 있어 미래의 사람들이니까. 말 그대로 포이어바흐는 자기 입장에서 미래 사람들이 해결해야 할 철학적 과제를 제시한 거야. 헤겔이 물질과 정신을 분리해놓고 우리 영혼은 정신의 영역에 있다고 해버렸잖아? 그런 영혼을 우리가 살고 있는 이 현실세계로 다시 불러들이는 거지. 신적인 관념적 사고도 우리가 사는 구체적이고 생생한 세계로 끌어내리고."

"아저씨, 그 말은 너무 어려워요. 영혼을 불러들이고 신적인 뭘 인간에게 끌어내리고…… 무슨 무당이 신 내림을 받아 굿하는 것도 아니고, 그게 무슨 뜻이에요?"

"뭐, 신 내림? 으하하!"

"하하하, 굿이라니!"

이루의 말에 아빠, 엄마, 아저씨 모두 폭소를 터뜨립니다. 이루는 '이게 아니었는데……' 싶습니다. 다들 재미있어하니 나쁠 건 없지만, 저 딴엔 진지한 질문이었는지 뾰로통한 얼굴이 됩니다. 아저씨가 간신히 웃음을 그칩니다.

"하하하. 미안, 미안. 얘기가 그렇게 들렸나? 좀 쉽게 얘기해 주마. 그건 포이어바흐가 헤겔의 관념철학을 비판하면서 했던 얘기들이야."

"포이어바흐는 헤겔이 왜 틀렸다고 생각한 거예요?"

"헤겔은 정신과 물질을 구분해놓고 그중 정신만을 참다운 것으로 보았던 관념론자였어. 포이어바흐는 그런 점에서 헤겔의 관념론을 비판했던 거야. '그 둘은 같이 있는 건데……' 하면서 말이지."

"몸과 영혼이 따로 떨어져있는 거라고 생각하는 게 잘못됐다는 거예요?"

"응. 그는 물질과 함께 있는 구체적인 정신을 찾아야한다고 주장했지. 사람은 몸만 있거나 영혼만 있거나 하는 존재가 아니잖니?"

이루는 저도 모르게 고개를 끄덕입니다. 하긴 몸만 있으면 죽은 것이고 영혼만 있으면 귀신과 다를 게 없다는 생각이 들었기 때문이지요. 알고 보니 포이어바흐는 너무나 당연한 말을 한 거잖아? 그 정도는 나도 알겠다며 이루는 속으로 씩 웃습니다.

"신적인 관념적 사고라는 말은 참 복잡한 느낌인데요?"

아빠가 아저씨께 묻습니다.

"네, 그렇죠? 그 말은 관념론을 비꼬아서 말한 겁니다. 포이어바흐의 관점에서 볼 때 관념적 사고라는 건 현실을 떠난 공상에 불과했거든요. 그는 신도 우리 현실을 떠나있는 환상으로 봤기 때문에, 그걸 살아있는 이 현실세계로 끌어내려야 한다고 했던 거죠."

"머리로만 알고 있던 사랑이 가슴으로 들어왔다는……."

"하하. 이야길 많이 하니 출출하네요. 제가 간단한 간식 좀 대접해도 될까요?"

이루의 혼잣말에 아빠는 쑥스러운지 주방으로 들어가 버립니다.

3 양파 껍질 속의 인간

아그작아그작. 오물오물. 우걱우걱. 아빠는 칼집을 낸 양파에 치즈를 뿌려 오븐에 구운 간식을 내왔습니다. 직접 개발한 별미라면서요.

"아빠, 이거 정말 별미인데요? 양파로 만든 과자보다 더 맛있어요."

"정말 고소해요, 여보."

"한 겹 한 겹 까먹는 재미가 쏠쏠하네요. 저도 집에 가서 우리

가족들한테 한번 만들어주고 싶어요. 이따 요리법 좀 알려주실
래요?"

"하하, 물론이죠. 다들 맛있다니 다행이네요. 만드는 방법은
아~주 쉬워요."

별난 간식과 함께하는 라면집의 철학수업은 계속됩니다.

"포이어바흐는 기본적으로 우리가 휴머니즘이라고 하는 인본주
의자였어요. 그는 앞서 말했듯이 기독교를 포함한 모든 종교를 허
구라고 보았죠. 또 그는 경험론과 합리론을 모두 비판했어요."

아빠도 엄마도 이루도 고개를 끄덕이며 양파 한 조각을 입에 넣
습니다. 다들 자연스럽게 납득하는 분위기입니다. 분명 다들 이루
와 똑같은 생각을 하고 있을 겁니다. '그렇지, 비판을 안 했다면
포이어바흐가 아니지……' 하고요.

"진짜 성격 까칠한 사람이네요. 완전 투덜이잖아?"

이루의 말이 끝나기가 무섭게 웃음이 터집니다. 이루는 포이어
바흐를 알아갈수록 이런저런 불만만 한가득인 사람 같아 어쩐지
맘에 들지 않으려고 합니다!

"하하하. 자신의 고유한 철학체계를 세우기 위해선 이전의 사상
을 종합적으로 검토하고 비판하는 일이 꼭 필요하단다."

"그래, 이루야. 아빠도 요리책을 보면서 음식을 만들 때 단지 그 요리를 만드는 데 그치는 게 아니잖니? 남이 개발한 걸 만들어보고 그걸 내가 분석하고 비판하면서 더 나은 아빠만의 요리를 개발하려고 하는 거지. 그런 게 바로 발전이야. 지금 이 간식도 별것 아니지만 그런 과정을 통해 만들어진 요리지."

"아아…… 그렇군요."

이루는 또 얼굴을 붉히며 양파 한 조각을 입에 넣습니다.

"경험론과 합리론은 또 뭔가요? 관념론을 비판하면서 유물론을 주장했다고 했는데……."

엄마가 묻습니다. 그러고 보면 엄마도 궁금한 건 못 참는 성격인가 봅니다. 이루처럼요.

"유물론과 관념론이 다루는 게 '세계를 이루고 있는 게 무엇인가'라는 문제라면, 경험론과 합리론은 '그게 뭔지 우리가 어떻게 알 수 있는가'의 문제를 다루는 겁니다. 경험론자들은 말 그대로 경험을 통해 지식을 얻을 수 있다고 주장하는 사람들이에요. 경험은 감각을 통해 이루어지고 감각은 물질이 있어야 느낄 수 있잖아요. 그런데 인간의 생각, 즉 정신은 물질이 아니기 때문에 볼 수도 없고 만질 수도 없고 냄새를 맡을 수도 없어요. 그래서 경험론자들은 대개 인간의 정신을 허구라고 주장하게 되지요. 물질과 정신을 둘 다 중요시했던 포이어바흐는 그래서 경험론을 비판하는 겁니다."

"오호, 그거 말 되는군."

아빠가 턱을 매만지며 혼잣말을 합니다. 이루는 좀 어려워지려고 합니다. 아저씨가 가시면 아빠에게 좀 쉽게 설명해달라고 졸라야겠다는 다짐을 합니다.

"경험론의 반대인 합리론은 인간이 생각을 통해 지식을 얻을 수 있다고 하는 입장입니다. 생각은 정신의 활동이죠. 따라서 합리론은 세계의 근원이 정신이라는 관념론과 일맥상통할 수밖에 없어요. 참고로 관념론의 대표주자가 헤겔이란 건 아까 말씀드렸었죠? 그러니 포이어바흐가 합리론을 비판하는 건 당연한 일이었겠죠? 결국 전통적인 경험론이나 합리론 둘 다 세계를 설명하기엔 부족했던 거예요."

"경험론은 감각경험을 통해서 물질적인 것을 아는 것이니까 유물론과 밀접한 관계가 있고, 합리론은 불변하는 정신적 이성에 의해 사물을 아는 것이니까 관념론과 가까운 거군요."

아빠가 다시 정리해주니 머리에 쉽게 들어옵니다. 아! 그렇구나! 답답한 것이 쑥 내려간 것 같아요.

"그래서 그 모두를 비판한 포이어바흐가 결국 주장한 것이 헤겔의 관념철학과는 정반대되는 인간학적 유물론이군요."

엄마는 이제야 납득한다는 얼굴입니다. 아, 맞아. 포이어바흐가 주장한 게 바로 그거였지. 이루는 깜박 잊고 있었습니다. 앞으로는 꼭 기억하고 있어야겠다고 생각합니다. 인간학적 유물론. 그게 포이어바흐에겐 가장 중요한 거니까요.

"자꾸 인간학, 인간학 하는데, 그럼 포이어바흐가 생각하는 인간은 대체 어떤 거예요?"

이루가 질문을 던지자 아저씨는 알쏭달쏭한 표정으로 씨익 웃을 뿐 대답이 없습니다. 이루는 혼자 골똘히 생각합니다. 정신만 있는 것도 아니다, 물질만 있는 것도 아니다……. 그럼 다른 뭔가가 있는 걸까요? 아니면 둘 다 있는 걸까요?

"그건 아저씨도 다음 주에 배운다."

"아하하!"

〈사랑이라면〉은 한바탕 웃음판이 됩니다.

밖이 어느새 어두워졌습니다. 아빠는 너무 오래 잡고 있어서 미안하다고 하시고, 아저씨는 자신이 배운 걸 다시 생각해볼 기회가

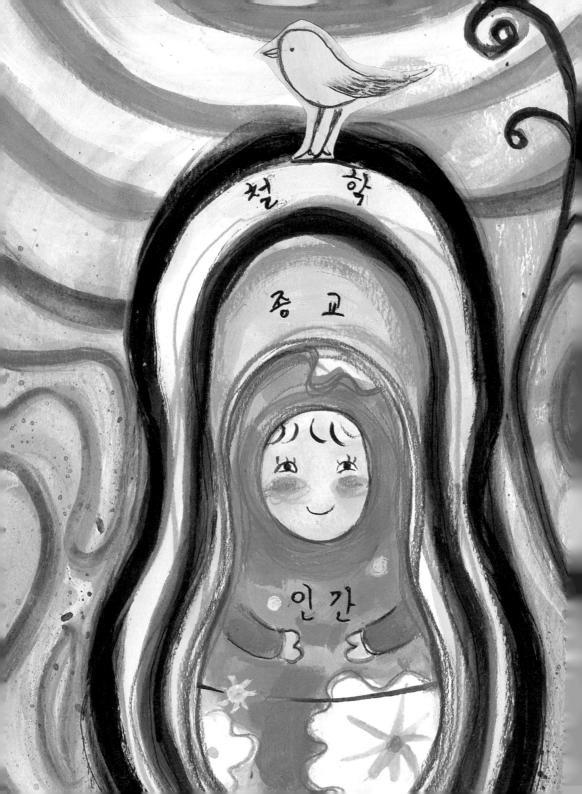

되어 오히려 즐거웠다고 합니다. 도리어 아저씨 쪽에서 다음 주에 또 이야기를 나누자고 하네요. 방금 전 이루의 질문에 대해 각자 생각해오자면서 말이지요. 헤어지기 전 아저씨는 아빠가 준비한 양파요리의 마지막 조각을 먹으며 덧붙입니다.

"철학과 종교와 인간은 양파껍질과 같아요. 맨 겉의 껍질이 철학이고, 그 다음 속 껍질이 종교이고, 가장 속에 있는 알맹이는 인간이지요. 막말로 가장 추상적이며 헛소리인 것이 철학, 철학과 똑같으면서도 조금 더 현실적인 것이 종교, 구체적이고 감각적이며 참된 자연으로서의 현실을 다루는 것이 인간학적 유물론이라는 것이죠. 포이어바흐에 의하면요."

하지만 이루는 철학이라는 게 헛소리만은 아니라는 생각이 들었습니다. 별나라 이야기나 이상한 사람들만 붙잡고 늘어지는 것이 아니라 생활과 밀접한 연관이 있는 것이니까요. 철학은 생각하게 합니다. 그래서 자꾸 자신을 돌아보게 만듭니다. 그래서 인간답게 사는 게 뭔지 고민하게 합니다.

잠들기 전 이루는 어둠 속에서 오늘 아저씨가 해주었던 포이어바흐를 생각합니다. 트집쟁이에 비판만 하는 까칠한 사람 같지만 그래도 정이 듬뿍 들었습니다. 어쨌거나 세상에 태어나 알게 된

첫 번째 철학자니까요. 아빠한테도 엄마한테도 아저씨한테도. 그리고 이루한테도요.

인간학적 유물론

　포이어바흐의 인간학적 유물론은 어떤 주장을 전개하고 있을까요?
포이어바흐는 『헤겔철학 비판』(1839)에서 이미 인간학적 유물론의 기
반을 마련하고 있습니다.

　헤겔철학은 한마디로 관념론이라고 할 수 있습니다. 헤겔은 자신 이
전의 칸트, 피히테, 셸링 등의 철학을 종합해서 거대한 호수와 같은 관
념론 철학의 체계를 완성합니다. 그는 다음과 같이 말하고 있습니다.

　"세계의 근원은 신적인 정신입니다. 이 정신은 바로 절대정신이지
요. 절대정신은 살아서 움직이는 유기체처럼 자기 자신을 전개해나
갑니다. 이를 변증법적 과정이라고 합니다. 하나의 긍정이 부정을 당
했다가, 긍정과 부정을 종합한 통일로 향하는 운동의 논리가 변증법
이지요. 따라서 변증법의 논리는 수학적인 형식논리를 거부합니다.
변증법의 예를 들어보라고요? 그거야 간단하지요. 형식논리에 의하

면 아기는 아기입니다. 그러나 변증법의 논리에 의하면 아기는 소년이 되면서 아기임이 부정되고, 소년은 청년이 되면서 소년임이 부정됩니다. 아기나 소년이나 청년의 근원은 정신적, 관념적 존재로서의 인간입니다. 인간은 아기, 소년, 청년으로 나아가는 과정을 통해 자기 자신을 전개하는 것이지요. 크게 보면 우주만물의 근원인 절대정신은 자신을 자연, 예술, 종교, 철학 등으로 전개시키면서 성숙해가는 겁니다."

포이어바흐는 청년시절 초기만 해도 헤겔의 입장을 그대로 따랐지만, 얼마 안 되어 헤겔의 변증법적 관념론이 지나치게 추상적이며 애매모호한 개념들로 가득하다는 것을 깨닫게 되었습니다. 그 결과 포이어바흐는 헤겔의 관념론 철학을 맹렬히 공격하게 되었지요. 그럼 이번엔 포이어바흐의 주장을 한번 들어볼까요?

"헤겔이 말하는 신은 환상과 상상력의 산물입니다. 인간의 본질을 추상적으로 애매하게 표현하는 것이 바로 이성의 능력이지요. 그러니까 이성은 환상이자 상상력에 지나지 않습니다. 그렇다면 인간의 진짜 본질은 무엇일까요? 인간의 본질은 감각과 감정입니다. 감정이야말로 인간의 본질이고 신입니다.

　인간이 환상과 상상력에 의해서 자기 자신을 추상적 대상으로 꾸밀 때 생기는 것이 바로 기독교에서 말하는 신입니다. 그러니까 신이란 것은 결국 허구적인 날조물에 지나지 않지요. 나는 감히 이렇게 말하고자 합니다. '신의 의식은 인간의 자기의식이며, 신의 인식은 인간의 자기인식이다.' 왜냐고요? 소위 신의 생각이라고 하는 것은 물론이고 신의 앎이라는 것도 알고 보면 인간이 환상과 상상력으로 만들어낸 것들이니까요."

　이렇게 보면 포이어바흐는 매우 현실적인 철학자라고 볼 수 있습니다. 포이어바흐는 이처럼 인간학적 유물론에 의해서 인간의 본질을 파악할 때라야 비로소 참답게 인간과 아울러 사회도 이해할 수 있다고 믿었습니다.

　포이어바흐의 사상을 이어받은 마르크스는 다시 포이어바흐의 인간학적 유물론 역시 추상적이며 관념적인 색채가 있다고 비판합니다. 그리고 마르크스는 구체적이며 현실적인 물질적 생산관계가 바로 인간과 사회의 가장 기본적인 것이라고 주장하게 되었지요.

4

사랑이 아니라면

 "신학의 비밀은 인간이지만 사변철학의 비밀은 신학이다."

― 루드비히 안드레아스 포이어바흐

1 인간의 본질

이루는 일주일이 어서어서 지나기를 손꼽아 기다렸습니다. 학수 고대라는 말은 바로 이럴 때 쓰는 말이라는 걸 실감했지요. 정말 어찌나 일요일이 오기를 기다렸는지 토요일 밤에는 자신의 목이 몇 센티 쯤 늘어난 건 아닐까 의심까지 했으니까요.

포이어바흐에 대한 이야기를 혼자서도 하고 아빠 엄마랑도 이야기를 나눠보았습니다. 예전엔 '철학'이 무언지도 몰랐던 이루가 포이어바흐로 인해 새롭게 눈을 떴다고나 할까요. 아빠는 서점에

가서 철학교양서도 몇 권이나 사왔습니다.

그렇다고 일상생활에 소홀한 것은 아닙니다. 어쨌든 아빠는 자기 할 일은 꼭 하면서! 라는 주의니까요. 아무리 철학이 재미있다고는 해도 이루는 학교숙제와 설거지를, 아빠는 요리를, 엄마는 빨래와 청소를 했으니까요. 물론 일요일 점심도시락 만드는 일도요.

이번 주 도시락은 버섯불고기 덮밥입니다. 이건 이루가 좋아하는 음식이기도 합니다. 표고, 양송이, 새송이버섯과 양파, 당근, 피망, 양배추 등 여러 가지 야채를 달콤한 양념에 재운 불고기와 볶은 것입니다. 따로 삶은 당면도 넣으면 정말 맛있습니다. 오늘의 디저트는 참다래입니다.

9시 10분 전에 아저씨가 왔습니다. 지난번보다 더 환한 얼굴입니다. 아저씨도 일요일을 손꼽아 기다렸다고 합니다. 아빠랑 엄마랑 이루는 점심을 준비해놓고 아저씨가 돌아오기만 기다립니다.

"와! 맛있는 냄새!"

아저씨가 싱글벙글하는 얼굴로 들어옵니다. 이루는 맛있게 점심을 먹고서 기다렸다는 듯 물어봅니다.

"아저씨, 지난번에 제가 질문한 거 기억하고 계세요?"

"음……."

"기억 못하세요?"

"포이어바흐가 보는 인간은 어떤 것인가 하는 질문?"

"기억하고 계셨군요!"

이루는 기쁩니다. 잊지 않고 기억해준 아저씨의 상냥한 마음이 느껴집니다.

"이루 너는 어떻게 생각하니? 과연 인간이란 무엇일까?"

이루는 잠시 생각에 잠깁니다. 아빠에게 인간실격에 대한 이야기도 들었고 인간의 품격에 대한 이야기도 들었지만 과연 인간은 무엇일까요? 어떤 존재일까요? 참된 인간이 되기 위해선 무엇을 해야 할까요?

"모든 철학은 인간이 무엇인지 알기 위해 의문을 품는 것에서부터 출발한단다. 포이어바흐도 예외는 아니었어. 그의 기본입장은 인간중심주의라고 지난번에 얘기했지?"

"네. 그래서 그의 사상을 인간학적 유물론이라고 했어요."

이루는 말하고 나서도 스스로 뿌듯합니다. 잊지 않으려고 몇 번씩 마음속으로 외웠거든요. 이젠 이루도 포이어바흐의 철학적 핵심이 뭔지 안다니까요.

"맞아. 그가 생각한 인간의 본질은 까다롭거나 어려운 것이 아니었단다. 포이어바흐는 인간의 정신, 말하자면 인간의 의식에서 인간의 본질을 찾았단다."

"그건 뭔가 다른 게 있나요?"

"그가 말한 의식은 헤겔의 절대정신과도 달랐고 동물적인 본능과도 다른 것이었어. 감각적 감정적 의식이라고 부를 수 있는 것이지."

"감각적 감정적 의식이요?"

"그렇단다. 어쨌거나 포이어바흐의 기본입장은 유물론이잖니? 그러니까 그가 말하는 정신이나 의식은 합리론자나 관념론자들이 말하는 순수한 이성은 아닌 것이지."

"의식이 순수한 정신이 아니라 일종의 감각에 불과하단 건가요?"

말없이 듣고 있던 엄마가 물어봅니다. 엄마는 포이어바흐에 대한 공부를 나름대로 열심히 했거든요.

"네. 포이어바흐는 이런 말을 했어요. '자기감정, 감각적 구분 능력, 뚜렷한 특징을 목표로 삼는 외적 사물의 지각에 대한 의식이 바로 감각적 의식이다' 라고요. 그는 인간이 동물과 다르게 자기 자신을 의식하게끔 하는 어떤 본질이 있다고 확신했기 때문에 그 본질이 뭔지 찾고자 했지요."

"그게 뭔지 찾았나요?"

이루는 더 이상 참지 못하고 아저씨의 대답을 재촉합니다. 엄마도 아빠도 이루도 아저씨의 입만 바라보고 있습니다. 아저씨는 낮은 목소리로 조용히 대답합니다.

"의욕과 사랑과 사유란다."

"의욕과 사랑과 사유?"

누가 먼저랄 것도 없이 엄마와 아빠와 이루는 약속이라도 한 듯 동시에 말합니다.

"그런데 이상해요. 포이어바흐는 분명 유물론자잖아요. 인간학적 유물론이라고 해도 세상의 근본을 물질로 보는 유물론자가 어떻게 인간의 본질을 물질이 아닌 의욕과 사랑과 사유로 볼 수가 있지요?"

오~ 과연. 아빠의 날카로운 질문이라고 이루는 생각합니다. 자기는 그냥 그렇다고 생각하고 있었는데 아빠 말을 듣고 보니 이상합니다. 유물론자가 유물론자답지 않은 답을 내놓다니 그건 정말 모순이잖아요.

"날카로운 질문이에요. 하지만 잘 생각해보면 하나도 이상하지

않아요. 포이어바흐가 말하는 사유는 순수한 정신적 사유가 아니라 감각적인 사유니까요."

 과연~ 그렇군요. 아까 감각적 사유라는 말을 들었는데도 금방 잊었지 뭐에요. 아빠도 아, 맞다! 하며 머리를 긁적입니다. 아빠가 쑥스러울 때 하는 행동이지요.

 "포이어바흐는 인간의 본질이 세상에서 가장 중요한 것이라고 했어요. 다시 말하면 인간의 본질은 절대적이라고 할 수 있지요. 그러니까 그의 인간학적 유물론은 바꿔 말하면 감각적 감정적 유물론이라고도 할 수 있겠지요. 심지어 그는 '감정은 너의 신이다!' 라고까지 했으니까요."

 감정은 너의 신? 그럼 감정이 이끄는 대로 모든 걸 하란 얘기일까요? 아니면 감정이라는 것은 신처럼 초월적이라는 뜻일까요? 포이어바흐는 종교를 비판한 사람인데 신이라니……. 이루는 다시 헷갈립니다. 아, 아직도 길은 멀기만 합니다. 또 물어보고 또 물어보는 수밖에요.

 "감정은 너의 신이라니…… 그게 무슨 뜻인가요?"

 "이중적인 뜻이 있단다. 첫 번째는 인간의 본질인 감정이 종교를 만들어냈으니 감정은 신과도 같다는 의미이고, 두 번째는 환상이

나 상상에 의해 인간이 자기 자신을 절대적인 어떤 것으로 대상화하고 묘사함으로써 사실은 존재하지 않는 신을 만들어냈다는 것을 뜻하지."

"하지만 결과적으로 포이어바흐에게 종교는 인간의 본질에 모순된다는 거죠?"

"그렇단다. 인간이 만들어낸 허구라고 보았으니까."

"하지만 종교가 꼭 부정적인 것만은 아니라고 생각해요. 어떤 사람들에게는 삶의 위안을 주기도 하니까요."

엄마는 조심스럽게 의견을 말해봅니다. 아빠, 엄마, 이루는 모두 종교를 갖고 있진 않지만 그걸 나쁘게 생각하는 것도 아닙니다. 종교생활을 열심히 한다고 해서 모든 사람이 다 착하게 되는 건 아닌 것 같지만요.

"물론이지요. 이건 어디까지나 포이어바흐의 생각이니까요."

2 나와 너의 공동체

사람은 누구나 자신만의 생각을 갖고 살아갑니다. 아빠에겐 아빠의 생각이, 엄마에겐 엄마의 생각이, 이루에겐 이루의 생각이 있습니다. 생각이 잘 맞으면 좋지만 그렇지 않은 경우엔 싸움이 일어나기도 합니다. 혼자 사는 세상이 아니니까요. 그럼 포이어바흐는 다른 생각을 가진 사람과 사이좋게 지냈을까요?

이루 표현대로라면 포이어바흐는 제법 막강한 '투덜이'일 테니까 다른 사람과 사이가 별로 좋지 않았을지도 모릅니다. 아니면 그런 철학적 입장이란 건, 사람들과 어울려 지내는 것과는 별개인 문제일까요?

"그럼 어떻게 살아가는 게 인간다운 거예요?"

이루는 문득 아저씨의 얼굴을 똑바로 보며 말합니다. 아빠는 언제나 사랑으로 살아야한다고 말했는데 포이어바흐는 뭐라고 했을지 궁금합니다.

"포이어바흐는 인간은 자신의 본질을 실현할 때 가장 인간답다고 했단다."

"어떻게요?"

"공동체를 통해서."

"공동체? 일종의 사회 같은 건가요?"

"서로가 서로를 아끼고 사랑하면서 자신의 자아실현을 하는 공동체겠지. 인간은 관계를 통해서만 자기와 타인을 알 수 있으니까 말이야. 이 세상에 혼자만 남았다고 생각해보렴. 어떨 것 같니?"

이루는 아빠도 엄마도 친구도 없는 세상을 상상해봅니다. 무섭고 끔찍합니다. 남이 없으면 나도 없는 거나 마찬가지니까요.

"포이어바흐는 인간의 본질을 실현하는 것이 다른 자연물이나 사람들과의 관계를 통해서만 가능하다고 보았단다. 왜냐하면 인간은 자연의 일부이고 또 인류의 일부이기 때문에 자신만을 생각하고 자신만을 실현하는 것은 무의미하다고 보았던 거지."

이루는 갑자기 커다란 감동을 느꼈습니다. 자신만을 위해 사는 세상은 절대 아름다울 리가 없다는 생각이 들었습니다. 함께 사랑하고 함께 나누고 함께 관계를 맺을 때 인간은 참된 인간일 수 있으니까요.

"포이어바흐는 이런 말을 했단다. 인간의 본질은 인간과 동물의 통일 안에 포함되어있는 거라고. 또 그렇지만 통일은 너와 나의 차이 안에만 놓여있다고."

알 것도 같고 모를 것도 같습니다. 왜 통일이 차이 안에 있다는 걸까요? 통일은 하나가 되는 것이고 차이는 서로가 다르다는 것인데요.

"다른 재료가 섞여 하나의 요리가 되듯이?"

아빠가 혼잣말을 합니다. 아저씨는 무릎을 탁 치며 바로 그것이라고 말합니다. 버섯이나 불고기 중 어느 하나만 없어도 버섯불고기는 할 수 없지요. 서로 맛이 다른 두 재료를 같이 요리해야 버섯불고기라는 통일적인 하나의 맛을 낼 수가 있습니다.

"모든 재료가 똑같은 맛을 낸다면 요리를 할 수 없거든. 버섯은 버섯의 맛을, 양파는 양파의 맛을 내면서도 그것들이 서로 어우러져야 훌륭한 버섯불고기라고 할 수 있지."

아빠는 생각에 잠겨 계속 혼잣말처럼 말하지만 문제의 핵심을 파악하고 있습니다. 철학은 자신의 경험에서 우러나오기도 하고 자신의 경험을 바탕삼아 이해할 수도 있는 것인가 봅니다.

"포이어바흐는 '나와 너의 공동체'라는 것을 말했지요. 이 공동체는 나와 너의 차이를 통일로 실현시킬 때 가능한 것이라고요. 그런데 이루야, 넌 인간의 본질이 정말 뭐라고 생각하니?"

이루는 잠시 고민에 빠집니다. 사실은 아까부터 대답할 준비가 되어있습니다. 누가 뭐라고 해도 자신만의 생각이 있는 법이니까요.

"사랑이요."

이루는 딱 잘라 한 마디로 말합니다. 역시 아무리 생각해도 사랑 이외엔 없는 것 같습니다. 함께 어울려 사는 것도 사랑이 없으면 불가능한 일이니까요.

"포이어바흐도 그렇게 생각했단다."

"정말요?"

이루는 깜짝 놀랍니다. 아저씨는 한쪽 눈을 찡긋 해보입니다.

"아까 말했잖니. 인간의 본질은 의욕과 사랑과 사유라고."

"포이어바흐가 말한 사랑이 제가 말한 사랑과 같은 거예요?"

이루는 아무래도 꼭 확인하고 싶습니다. 가슴이 두근두근하거든요. 정말 그가 말한 사랑의 정체는 무엇일까요? 사랑에도 여러 종류가 있잖아요. 남녀 간의 사랑, 자연사랑, 형제간의 사랑, 부모자식간의 사랑, 인류에 대한 사랑…… 아니면 이 모든 것을 합친 것이 포이어바흐가 말한 사랑일까요?

"그의 표현대로라면 '타인들과의 통일을 향한 충동'이 바로 사랑이란다. 나와 너의 통일을 가능하게 하는 힘이 사랑이라는 거지."

오호라, 이제 총체적으로 이해가 갑니다. 인간은 자기 아닌 다른 존재들에게 여러 가지 응답을 하고 있는데, 인간에게 가장 고유한 응답은 사랑입니다. 인간의 비밀이자 모든 사고와 행동의 비밀이라고 부르는 것이 바로 사랑이지요. 아저씨는 말을 잇습니다.

"그리고 그건 바로 공동체를 가능하게 하는 힘이지. 그래서 포이어바흐는 인간의 모든 감각과 감정 중에서 가장 기본적인 것을 사랑으로 본 거야. 그가 유물론자였다고 마냥 냉혹하고 감정도 없는 사람은 아니었다고."

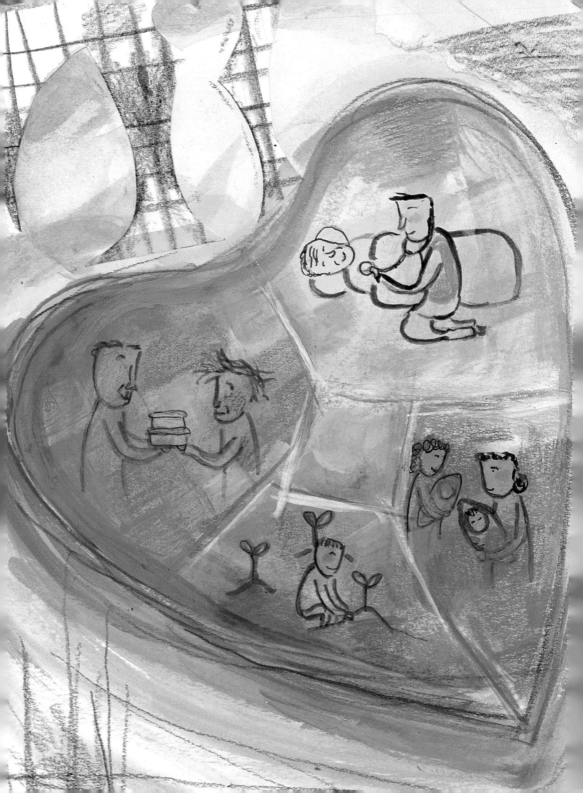

이루는 가만히 아저씨의 다음 말을 기다립니다. 엄마도 아빠도 기다립니다. 아저씨는 따사로운 햇살의 읊조림처럼 마지막 맺음말을 합니다.

"그는 인간을 세계 중심에 자리 잡게 했지. 인간에게 가장 중요한 것을 사랑이라고 본, 마음이 따뜻한 사람이었단다."

아저씨가 돌아간 후에도 '마음이 따뜻한 사람'이라는 아저씨의 말이 이루의 귓가에 오래 남아있습니다. 결국 중요한 것은 인간의 마음이라는 생각을 해봅니다. 세상은 다양한 사람들이 모여 사는 곳입니다. 누구 하나의 목소리만 높아서는 살 수 없습니다. 아빠는 아저씨를 배웅하고 나서 이렇게 말했습니다.

"역시 요리라는 건 말이야, 어느 한 가지 재료만 튀어서는 안 되는 거야. 각각의 맛이 다 살아있으면서도 조화를 이루는 게 궁극의 맛이거든. 저 혼자 잘났다고 자기 맛만 내려고 하면 결코 맛있는 요리가 되지 못하지. 버섯 맛만 나는 게 무슨 버섯불고기겠냐?"

3 사랑이라면

날은 점점 따뜻해집니다. 봄비가 내린 어느 날 꽃망울을 터뜨렸던 꽃들은 폭죽처럼 터집니다. 장난꾸러기 바람이, 물을 듬뿍 머금은 총총하고 싱싱한 나뭇잎사귀들을 하루 종일 간지러움을 태웁니다. 봄이 무르익어 갑니다.

일요일마다 만나는 아저씨는 포이어바흐에 대해 이루가 물어보는 대로 알려줍니다. 아빠도 엄마도 이루도 어느새 포이어바흐의 왕팬이 되었습니다.

"알면 사랑하게 되는 법이지."

엄마는 지나가는 말로 한 거지만 그 말이 딱 맞습니다. 알면 알수록 점점 더 사랑하게 되거든요. 투덜이지만 마음이 따뜻한 포이 어바흐를요.

일요일 점심도시락도 인기입니다. 소문이 나서 더 많은 사람들이 아빠의 도시락을 원했지만 아빠는 '손이 만들 수 있는 만큼만' 만듭니다. 대신 주변 사람들에게 적극적으로 사랑의 도시락을 알리고 함께 참가하자고 권합니다. 한 사람보다는 두 사람이, 두 사람보다는 열 사람이 힘이 될 테니까요.

이루는 요리학교를 목표로 하고 있습니다. 언젠가는 자신만의 맛을 개발해서 사람들에게 기쁨을 주고 싶습니다. 자신의 가게를 내면 아빠 엄마처럼 사랑의 도시락을 하리라 마음먹습니다.

"…… 중학교에 갈 때까진 비밀로 하려고 했지만 역시 아빠랑 엄마한테는 말을 하고 싶어요."

"무슨 비밀?"

아빠는 호기심이 동한 표정입니다.

"저 요리사가 되고 싶어요."

"요리사?"

아빠는 이루가 요리사가 된다고 하는 게 내심 기쁜 얼굴입니다. 엄마 역시 이루가 하고 싶은 것을 이룬다면 그게 이루의 행복이라는 의견입니다. 엄마 아빠의 지지를 받는 이루는 누구보다 든든합니다. 아빠는 대를 이어 〈사랑이라면〉을 하는 것이 어떠냐고 은근히 말하지만요.

나와 너의 공동체

　포이어바흐는 인간의 본질을 감각적이고 감정적인 의욕, 사랑, 사유라고 했습니다. 의욕이란 뜻하고 욕구하는 것을 말하고 사유는 생각을 의미합니다. 포이어바흐는 거창한 개념들을 사용하면서 철학이나 종교의 입장에서 인간을 파악하려 들면 단지 날조된 인간의 모습, 다시 말해서 거짓으로 꾸민 인간만을 붙잡게 된다고 주장했습니다.

　그렇다면 어떤 입장에서 인간을 바라보아야 참다운 인간상을 붙잡을 수 있다는 건가요? 그거야 물론 인간학적 유물론의 입장에서 인간을 이해하여야만 참다운 인간의 본질을 알 수 있다는 거지요.

　포이어바흐는 의욕과 사랑과 사유 중에서도 사랑을 가장 중요한 인간의 본질로 봅니다. 포이어바흐가 보기에 철학적인 사랑이나 기독교의 종교적인 사랑은 모두 추상적이고 허구적입니다. 왜냐하면 그러한 사랑은 결국 인간의, 인간에 대한 사랑을 바탕 삼아서 상상된

것이기 때문이지요. 포이어바흐는 다음처럼 말합니다.

"나는 현실적이며 감각적인 본질이다. 몸은 나의 본질로 이루어져있다. 실로 몸이야말로 그 전체로 나의 자아이며 나의 존재 자체이다."

인간의 본질은 몸의 본질입니다. 앞에서 말한 물질적, 감각적인 의욕과 사랑과 사유는 바로 '몸의' 의욕과 사랑과 사유인 셈이지요. 그러면 인간의 본질을 실현할 수 있는 곳은 어디일까요? 포이어바흐는 오직 나와 너의 통일인 공동체 안에서 비로소 인간의 본질이 실현될 수 있다고 믿습니다.

현실생활에서 사람들은 많은 갈등을 안고 살아가고 있습니다. 친구사이에서, 부모와 자식 사이에서, 형제들 사이에서, 현재와 미래 사이에서, 그리고 자신의 적성과 지금 하는 일 사이에서 그리고 더 나아가서 집단과 집단(크게는 나라와 나라) 사이에서 우리들 각자는 무수히 많은 크고 작은 갈등을 겪고 있습니다.

이러한 갈등의 극단적인 결과는 어느 한쪽 또는 양쪽 모두의 파멸입니다. 인간의 본질을 온전히 보존하여 발달시킬 때 우리들이 겪는 갈

등을 해소할 수 있다는 것이 포이어바흐의 주장입니다. 다음은 포이어바흐의 입장입니다.

"인간의 본질은 오직 공동체, 곧 인간과 인간의 통일 안에 있다. 그러면 무엇이 이러한 통일을 가능하게 하는가? 바로 사랑의 감정이 이러한 통일을 가능하게 한다."

우리들이 하등동물들을 살펴볼 때 그들 역시 환경에 적응합니다. 물론 하등동물들도 물질적인 감각능력을 가지고 자신들이 맞선 환경에 대처하지만 그러한 능력은 본능이라는 한계를 지닙니다. 그렇지만 인간의 감각적, 감정적 사랑은 본능을 뛰어넘기 때문에 인간과 환경 그리고 더 나아가서 인간과 인간의 통일, 곧 나와 너의 공동체를 가능하게 합니다.

간단히 말해서 사랑의 감정은 나와 너의 통일을 실현시키는 충동으로서 그것은 인간에게만 고유한 것이지요. 포이어바흐는 '오직 감각적인 존재만이 현실적이며 참다운 존재다'라고 주장하면서, 살아서 꿈틀거리는 몸이 지닌 사랑의 충동에 의해서 수많은 문제와 갈등을 풀어나갈 수 있다고 확신했습니다.

인간은 사회적이며 정치적인 동물입니다. 따라서 무수히 많은 갈등과 모순 속에서 고뇌하고 번민합니다. 포이어바흐는 이런 갈등과 모순을 해결할 수 있는 열쇠를 인간 본질에 관한 의식과 아울러 인간 본질의 실현에서 찾고 있습니다. 인간 본질의 실현은 바로 나와 너의 통일, 곧 나와 너의 공동체이며 그것을 가능하게 하는 것은 사랑의 감정입니다.

에필로그

토요일 오후 언제나처럼 이루는 가게에 있습니다. 아빠는 주방
에서 내일 쓸 재료를 준비 중이고, 엄마는 또 책에 코를 박고 있습
니다. 도대체 또 무슨 책을 보는 걸까요? 슬쩍 책 제목을 보니 〈사
랑의 공동체〉라는 글자가 흘림체로 박혀있습니다.

그래도 난 괜히 한번 물어봅니다.

"엄마, 뭐 읽어?"

"……"

"엄마."

"……"

"엄마아아아."

"엄마는 지금 이 세상에 없으니까 아빠한테 말해."

마침 주방에 있던 아빠가 웃으며 나옵니다. 분명히 배고프냐고 물어볼 게 뻔합니다. 이루는 돼지가 아니라니까요!

그때 갑자기 가게 문이 열립니다. 이루는 얼른 엄마에게 달려갑니다. 손님이 왔다는 걸 흔들어 알려야 하니까요.

"어? 이게 누구야? 내일 오는 거 아니었어?"

아빠의 반가운 목소리에 엄마를 흔들던 이루와 엄마는 동시에 고개를 듭니다. 아저씨입니다. 토요일 오후에 아저씨가 온 건 처음입니다. 아저씨는 일행이 있는지 가게 밖을 향해 어서 들어오라고 손짓을 합니다.

"식구들이랑 함께 왔어요. 근처 공원에 왔다가 애들이 배고프다고 해서."

아저씨는 배시시 웃습니다. 봄 햇살 같은 미소입니다. 포이어바흐를 처음 들었던 바로 그날처럼 환하고 밝은 미소입니다.

"이 사람한테서 얘기 많이 들었어요. 생명의 은인과도 같은 분이라고⋯⋯."

아줌마는 수줍게 무언가를 꺼냅니다. 딸기입니다. 보기만 해도 군침이 도는 향긋한 딸기가 붉게 물든 소녀의 뺨처럼 예쁘게 바구니 가득 들어있습니다. 아줌마 뒤에는 어린 소녀 둘이 눈을 동그랗게 뜨고 있습니다.

아저씨는 인사를 시킵니다. 동생은 이제 초등학교 1학년이고 언니는 초등학교 3학년입니다. 동생은 낯을 가리지만 언니는 '오빠, 오빠' 하며 금방 이루를 따릅니다. 오빠라니, 어쩐지 부끄러워지는 이루입니다.

"그때 말씀하셨던 '사랑이라면' 말고 다른 라면, 아직 못 먹었잖아요. 그래서 오늘 먹으러 왔어요."

"그랬구나. 내 정신 좀 보게. 그날 만든 국물은 그날 끝내기 때문에 일요일엔 늘 국물이 없어서……. 꼭 먹으러 오라고 하고선 한번도 대접을 못 했네."

아저씨와 아빠는 껄껄 웃습니다. 아저씨랑 친해진 아빠는 서로 형님 동생 하는 사이가 되었습니다. 아빠가 두 살 위라 형님이지요. 아저씨는 식구들에게 '사랑이라면'을, 자신은 '사랑이 아니라면'을 주문했습니다. 아빠는 정성껏 라면을 끓입니다. 기다리는 동안 엄마가 딸기를 씻어왔는데 한입 가득 향긋한 봄맛이 느껴집니다.

"포이어바흐는 이제 좀 알게 되었니?"

"네. 아저씨 덕분에요. 요즘에도 철학 강의 들으러 가세요?"

"응. 아줌마랑 같이 간단다."

"와아~ 우리 아빠랑 엄마도 가면 좋겠다."

"안 그래도 그 얘기를 하려고 했지. 다음 달부터 새로 개강인데 같이 들으면 어떻겠냐고."

"엉? 그래도 되는 거야?"

아빠가 언제 들었는지 주방에서 불쑥 고개를 내밉니다.

"그럼요. 물론이지요."

아빠는 엄마를 바라봅니다. 엄마는 고개를 끄덕입니다. 배움에는 나이가 필요 없습니다. 언제든 마음만 있다면 배울 수 있습니다. 자신의 즐거움을 위해 배우는 거니까요. 누군가에게 자랑하려거나 내세우기 위해 배우는 것은 아니니까요.

"저도 처음엔 몰랐거든요. 그런데 이 철학이라는 게요, 나 혼자서만 해서 즐거운 게 아니더라고요. 형님이 만들어내는 맛있는 요리처럼 함께 나눠야 더 재미있고 깊고 넓어지는 것이더라고요."

아저씨는 이루네 가족한테 포이어바흐 이야기를 하면서 자신도 그의 철학에 대해 더 잘 알게 되었다고 합니다. 만약 그때 포이어바흐 이야기를 하지 않았다면 시간이 지난 후 그냥 잊고 말았을지도 모른다면서요.

아저씨는 이루의 머리를 쓰다듬으면서 말합니다.

"인간은 위대한 존재야. 이렇게 별 볼일 없는 나도 노력만 하면 전혀 다른 새로운 인간이 될 수 있으니까. 포이어바흐의 말처럼 인간의 본질은 바로 사랑이라는 것을 잊지 않고 살면 돼. 자기 자신한테도 남한테도 말이지."

"인간은 사랑이다……. 왠지 멋진데요?"

"하긴 사랑이 아니라면 인간이 무엇이겠니? 하하."

드디어 라면이 나왔습니다. 엄마는 뜨거운 밥도 듬뿍 퍼 줍니다. 갓 지은 밥 냄새를 맡으니 이루는 갑자기 배가 고파집니다. 이루가 애처롭게 아빠한테 눈짓을 보내는 것을 보고, 아저씨가 눈치를 챘는지 호기롭게 외칩니다.

"여기 '사랑이 아니라면' 하나 추가요!"

웃음소리가 맑은 방울소리처럼 울려 퍼집니다. 아빠도 엄마도 이루도 아저씨네 식구 사이로 비집고 들어가 함께 라면을 먹습니다. 뜨거운 김이 모락모락 피어오르는 라면을, 이루네 가족과 아저씨네 가족이 머리를 맞대고 후후 불며 먹고 있네요. 세상에서 가장 아름다운 풍경입니다.

통합형 논술
활용노트

01 다음 제시문을 읽고 물음에 답하세요.

(가)

"왜 그런지 알아? 과자공장에서 일할 때 너무 끔찍한 걸 많이 봐서 그래. 인간이 먹으면 해로운 건 물론, 원가를 낮추기 위해 유통기한이 지난 재료를 쓰기도 하고. 지금은 어떨지 모르지만 그래도 사먹는 과자는 어쨌든 몸엔 안 좋다고 생각해. 뭔가 대량으로 만들어 내다 보면 사람을 생각하지 않고 돈만 생각하게 되거든."

이루는 알 것도 같습니다. 그래서 아빠는 손으로 만들 수 있는 만큼만 라면을 만들어 파는 거라고 했습니다. 많이 만들다 보면 정성이 부족해지기 마련이라고 입버릇처럼 말하면서요.

— 〈포이어바흐가 들려주는 인간 이야기〉 중

(나)

방송은 처음에 특정 지역에 한정되어 일어나는 일이었다. 각 방송국은 개별적으로 운영되었고, 청취자들을 모으고 방송 프로그램을 제공하면서 수지타산을 맞추는 모든 일을 각자 알아서 해결하고 있었다. 라디오 청취자들은 자신들과 비슷한 억양의 같은 지역 사람의 목소리, 교회나

지역 댄스홀에서 익숙하게 들었던 음악을 듣고 있었다. 이러한 방식은 1920년대 후반 NBC, CBS와 같은 전국적인 네트워크 방송사의 출현으로 변화를 맞이한다. 전국 모든 청취자에게 일제히 같은 오락물과 뉴스를 만들어 제공하는 것으로 네트워크 방송사는 라디오를 미국 사회의 가장 중요한 문화 매체로 탈바꿈시켜 놓게 된다.

— 〈뉴욕타임스가 선정한 교양 8 미디어·지리〉(이지북) 중

1. (가)를 읽고서 이루 아빠라면 (나)에 나와 있는 네트워크 방송의 발달과정을 어떻게 생각할지 추측해 보고, 본인의 생각도 말해 보세요.

2. 상품을 생산하고 공급함에 있어, 산업사회가 추구하는 양적인 만족과 이루 아빠가 추구하는 질적인 만족을 조화시키기 위해 우리 사회는 어떤 노력을 하고 있을까요?

02   다음 제시문을 읽고 물음에 답하세요.

(가)

"그럼 어떻게 살아가는 게 인간다운 거예요?"

이루는 문득 아저씨의 얼굴을 똑바로 보며 말합니다. 아빠는 언제나 사랑으로 살아야한다고 말했는데 포이어바흐는 뭐라고 했을지 궁금합니다.

"포이어바흐는 인간은 자신의 본질을 실현할 때 가장 인간답다고 했단다."

"어떻게요?"

"공동체를 통해서."

"공동체? 일종의 사회 같은 건가요?"

"서로가 서로를 아끼고 사랑하면서 자신의 자아실현을 하는 공동체겠지. 인간은 관계를 통해서만 자기와 타인을 알 수 있으니까 말이야. 이 세상에 혼자만 남았다고 생각해보렴. 어떨 것 같니?"

이루는 아빠도 엄마도 친구도 없는 세상을 상상해봅니다. 무섭고 끔찍합니다. 남이 없으면 나도 없는 거나 마찬가지니까요.

― 〈포이어바흐가 들려주는 인간 이야기〉 중

(나)

러시아판 모글리 늑대소년, 하루 만에 병원 탈출

자연에서 생활을 하다 구조된 소년이 검사 도중 병원을 탈출하였다. 이 소년은 사람들을 물고 할퀴는 등 늑대의 습성을 그대로 가지고 있어 '늑대소년'으로 불린다.

러시아 경찰은 "소년의 행동이 다른 사람들에게 위험을 가할 수 있어 격리 조치시켜야 한다"고 전했다. 병원을 탈출한 소년은 숲에서 늑대 몇 마리와 함께 살아왔던 것으로 추정되고 있다.

늑대소년은 굉장히 힘이 세고, 날카로운 이빨과 다듬어지지 않은 손·발톱을 갖고 있다고 언론은 전했다. 늑대소년은 약 10살 가량으로 추정되지만 정확한 나이는 밝혀지지 않았다.

늑대소년을 정밀 검사했던 의사들은 "러시아어는 물론 다른 언어를 전혀 사용하지 못한다. 몇 년 동안 야생에서만 생활한 것 같다. 그리고 두 다리로 움직이지만 반쯤 굽어 있다"고 전했다.

– ○○일보, 2008년 2월 27일

1. 제시문 (가)에서 포이어바흐가 주장하는 삶의 방식과 제시문 (나)에서 늑대소년의 삶을 비교해서 설명해 보세요.

통합형 논술
문제풀이

01
　1. 이루의 아빠는 오늘날 산업사회의 대량생산구조를 비판하는 입장입니다. (나)에서 말하고 있는 전국적인 네트워크 방송은, 마치 똑같은 과자가 공장에서 대량으로 생산되어 전국 각지에 공급되는 것과 같습니다. 이렇듯 양적인 측면이 부각된 대량생산구조와 맥을 같이 하는 전국 네트워크 방송은, 상품의 질적인 측면을 강조하는 이루 아빠의 입장에서 매우 비판받을 것입니다.

하지만 이루 아빠처럼 손으로 만들 수 있는 만큼만 라면을 만들어서 판다면 그 라면을 먹고 싶어도 먹을 수 없는 사람이 생길 것입니다. 라면이 생산되는 양은 한정되어 있지만 라면을 원하는 사람은 많기 때문에 손님들 사이에 경쟁이 붙어, 라면 가격이 올라갈 것입니다.

결국 라면을 먹게 되는 사람 수는 다름이 없는데 비싸지기만 하는 셈입니다. 한 사람, 한 사람에게 정성을 다하는 것도 좋지만, 오늘날처럼 인구가 많은 시대엔 최대한 많은 사람에게 상품을 공급해 주는 일도 중요합니다.

2. 상품을 대량으로 많이 만들어 내면서도 하나하나의 상품이 모두 질이 좋게 하려면, 일정한 기준 하에 상품을 만들어 내는 과정과 완성되어 나온 상품이 엄격하게 관리되어야 합니다.

그래서 오늘날엔 국가에서 분야나 종류 별로 기준법을 만들어, 상품의 생산 과정을 감시하고 완성된 상품 또한 품질 검사를 합니다. 대량으로 생산되는 모든 상품은 이러한 기준법이나 심사에 통과해야만 시장에 나갈 수 있습니다. 그럼으로써 사람들은 마음 놓고 똑같이 질 좋은 상품을 살 수 있습니다.

02
　포이어바흐는 인간이 공동체 속에서 다른 사람들과 관계를 맺고 살아가야 한다고 주장하였습니다. 그리고 자연 속에서 인간들이 공동체를 만들고 서로 아끼고 사랑하면서 사는 것이 가장 인간다운 삶이라고 하였습니다.

우리는 지금 가족과 친구와 선생님과 관계를 맺으면서 지내고 있습니다. 서로 사랑

도 하고 아껴줍니다. 즉 포이어바흐의 주
장에 따르면 인간다운 삶을 살고 있는 것
입니다.

그러나 제시문 (나)에 나타난 늑대소년은
우리와 전혀 다른 삶을 살아왔습니다. 늑
대소년은 만화 정글북에 나오는 모글리처
럼 동물과 함께 생활해서 우리가 쓰는 말
을 할 줄 모르고 동물처럼 행동하였습니
다. 늑대소년은 다른 인간과 관계를 맺으
면서 살지 않았고, 동물들과 관계를 맺으
며 살았습니다. 그렇기 때문에 늑대소년은
포이어바흐가 주장하는 인간다운 삶을 살
지 않았습니다. 포이어바흐는 공동체 속에
서 서로가 서로를 아끼고 사랑하며 자아를
실현하는 모습이 인간다운 삶이라고 주장
했습니다.